교육과정융합

쉽게 배우는

초등 AI

초등 AI ❶ | 1~2학년

🤖 차례

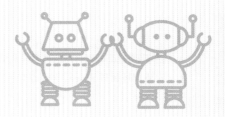

이책의 구성

1 생각 열기

우리가 일상에서 접하는 다양한 문제 상황을 재미있는 만화로 꾸며, 자연스럽게 학습에 대한 흥미를 유도하였습니다.

생각해 보기
중요 내용은 한 번 더 생각해 볼 수 있도록 하였습니다.

용어 설명
학습 내용 중 어려운 용어는 쉽게 풀어 주어 이해를 돕도록 하였습니다.

2 생각 펼치기

놀이 중심으로 꾸민 다양한 활동을 통해 인공지능의 쓰임 및 활용 방법을 이해할 수 있습니다.

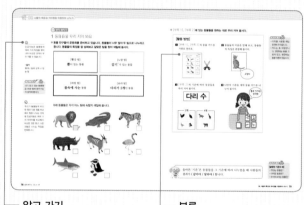

여기서 잠깐
학습 중 먼저 짚고 가야 할 내용을 필요한 곳에 제시하였습니다.

알고 가기
본문을 이해하는 데 도움이 되는 보충 설명을 필요한 곳에 제시하였습니다.

부록
한층 더 쉽고 재미있게 학습할 수 있도록 스티커뿐만 아니라 다양한 자료를 부록으로 제시하여 활용할 수 있도록 하였습니다.

Q1, Q2…
간단한 질문을 통해 배운 내용을 자기 주도적으로 해결할 수 있도록 하였습니다.

3 생각 정리하기

다양한 활동으로 배운 내용을 자기 주도적으로 정리할 수 있도록 하였습니다.

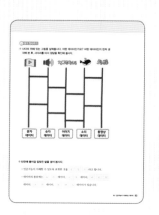

생각 열기

*기기
도구나 기구, 기계

인공지능은 컴퓨터 프로그램을 이용하여 기계가 인간처럼 행동하고 생각할 수 있도록 한 기술입니다.

| 관련 영상 QR 코드

인공지능이 뭐예요?

✿ 우리 생활에서 인공지능 기기*가 어떻게 이용되고 있는지 생각해 봅시다.

생각 펼치기

1 인공지능으로 편리해진 우리 생활을 알아봐요

✿ 사례 를 통해 인공지능으로 인해 우리 생활이 어떻게 달라졌는지 알아봅시다.

인공지능 기술이 적용된 카메라는 사람의 얼굴을 인식하여 인물이 또렷하게 나오게 해 줍니다. 또한 어두운 환경에서 촬영된 이미지의 경우 자동으로 선명하게 바로잡아 줍니다.

사례 1

인공지능 기술이 적용되지 않은 카메라

인공지능 기술이 적용된 스마트폰 카메라

어떤 점이 불편한가요?	어떻게 달라졌나요?

인공지능 스피커는 음성을 인식하여 음악 추천이나 검색, 어린이 콘텐츠 등을 제공할 뿐 아니라 사물 인터넷* 기술을 활용하여 집 안의 가전 기기를 제어할 수도 있습니다.

*사물 인터넷(IoT)
사물에 센서를 부착해 실시간으로 데이터를 인터넷으로 주고받는 기술이나 환경

사례 2

벽에 있는 스위치로 불을 꺼야 하는 방

인공지능 스피커가 있는 방

어떤 점이 불편한가요?	어떻게 달라졌나요?

사례 3

청소기를 직접 들고 다니며 청소하기

인공지능 기술이 적용된 로봇 청소기

로봇 청소기는 집의 구조를 파악하고 장애물을 감지하여 스스로 집의 지도를 그려서 장애물에 부딪히지 않고 청소를 합니다.

▲ 로봇 청소기가 그린 지도

Q1 두 청소기 중 어떤 청소기를 사용하고 싶나요?

Q2 여러분은 인공지능이 적용된 기기를 사용하고 싶은가요? 그 이유는 무엇인가요?

최신 인공지능이 적용된 로봇 청소기 중에는 이미지를 100만 장 이상 학습하여 수건, 양말, 컵, 전선 등을 스스로 피하는 것도 있습니다. 이러한 로봇 청소기는 사용자가 바닥을 매번 정리해야 하는 번거로움까지 줄여 줍니다.

✿ 인공지능 기기는 우리의 생활을 편리하게 만들어 줍니다. 평소에 느꼈던 불편함을 해결할 수 있는 인공지능 기기를 상상하여 그림이나 글로 나타내 봅시다.

2 우리 생활 속 인공지능을 찾아봐요

✿ **우리 생활 속 인공지능 기술에 대해 알아봅시다.** 상황 에 어울리는 인공지능 기기를 붙여 봅시다. [부록 4]의 스티커를 사용하세요.

인공지능 에어컨은 '인체 감지 센서'가 있어 에어컨이 설치된 공간의 사람 수, 위치 등을 감지하여 필요한 곳에만 상하좌우 조절하여 냉방을 합니다.

상황 1

주문형 비디오 시스템*은 사용자가 평소 즐겨 보는 영상을 분석하여 시청자의 취향에 맞는 영상을 추천합니다.

*주문형 비디오 서비스
사용자가 필요로 하는 영상을 원하는 시간에 제공해 주는 맞춤 영상 정보 서비스

상황 2

인공지능 공기 청정기는 스스로 실내 공기를 측정하여 오염되었다고 판단되면 공기를 정화합니다. 최근에는 공기가 오염된 곳으로 스스로 움직이는 로봇 공기 청정기도 선보였습니다.

상황 3

얼굴 인식 체온 측정기는 체온을 측정할 뿐만 아니라 인공지능 기술로 얼굴을 인식해서 마스크를 썼는지 안 썼는지 판단하고 마스크를 쓰지 않은 사람은 착용하도록 안내해 줍니다.

인공지능 번역기는 직접 입력한 문자 외에도 인공지능 기술로 음성이나 이미지를 인식하여 실시간으로 원하는 언어로 번역해 줍니다.

자율 주행 자동차는 주변 환경 정보를 분석하고 판단해 운전자가 아닌 인공지능 기술로 차량을 움직이고 멈출 수 있습니다.

인공지능 교육 프로그램은 학습자의 수준을 분석하여 수준에 맞는 게임 형식의 문제를 추천해 줍니다.

인공지능 CCTV는 이상 움직임을 감지하는 기능으로 외부인이 침입하면 사용자에게 알려 줍니다.

인공지능 기술이 적용된 검색 엔진은 음성이나 이미지 검색이 가능할 뿐만 아니라 사용자의 정보를 바탕으로 맞춤형 검색 결과를 보여 줍니다.

❋ 내가 경험해 본 인공지능 기기나 기술에는 빨간색으로, 경험해 보고 싶은 인공지능 기기나 기술에는 초록색으로 색칠해 봅시다.

여기서 잠깐
인공지능 기기나 기술을 사용해 본 경험에 대해서 친구들과 이야기를 나누어 봅시다. 경험해 보고 싶은 인공지능 기기나 기술이 있다면 왜 경험해 보고 싶은지도 이야기해 봅시다.

그 밖에 친구들과 이야기 나눠 보고 싶은 인공지능 기기나 기술이 있다면 Q1~Q3에 써 봅시다.

✿ 우리 생활 속 인공지능 로봇도 찾아볼까요? 어떤 인공지능 로봇인지 알맞게 연결해 봅시다.

인공지능 로봇 바리스타는 바리스타*가 커피 만드는 방식을 학습해 실제 바리스타처럼 커피를 내려 줍니다.

*바리스타
커피에 대한 전문 지식을 갖추고 손님에게 즉석에서 맛있는 커피를 만들어 주는 사람

인공지능 반려동물 로봇은 사람의 표정을 통해 감정을 인식하고 반응하여 심리적 안정을 줍니다.

인공지능 방역 로봇은 얼굴 인식 기능과 체온 측정 기능을 이용해 마주치는 사람의 체온을 확인하고 마스크 착용 여부도 판단합니다.

인공지능 서빙 로봇은 손님에게 음식을 흔들림 없이 가져다줍니다.

Q1

조심히 가져가야지!

Q2

손님 취향에 맞는 커피를 만들어요.

Q3

표정이 왜 그래? 나랑 재미있게 놀자!

Q4

얼굴만 보면 열이 있는지 마스크를 벗었는지 알아요.

인공지능 바리스타 로봇

인공지능 반려동물 로봇

인공지능 방역 로봇

인공지능 서빙 로봇

⚙ 인공지능과 관련된 말풍선을 골라 색칠해 봅시다.

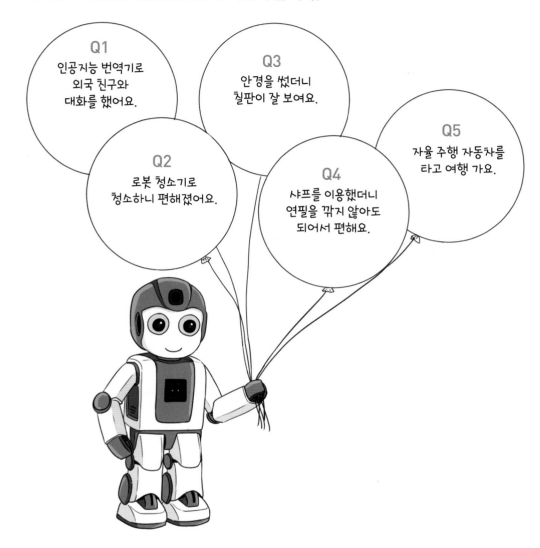

⚙ 빈칸에 들어갈 알맞은 말을 넣어 봅시다.

■ 인공지능의 발달로 우리 생활이 ㅍ ㄹ 해졌어요.

■ 인공지능은 우리 주변 ㄱ ㄲ ㅇ 에 있어요.

| 관련 영상 QR 코드

생활 속 인공지능
을 찾아라!

02 인공지능이 할 수 있는 일

🤖 생각 열기

✿ 인공지능이 가지고 있는 능력에 대해 생각해 봅시다.

1 사람처럼 보고 듣는 인공지능을 알아봐요

⚙ 두 그림에서 서로 다른 부분을 찾아 동그라미를 쳐 봅시다.

여기서 잠깐

그림에 3개의 다른 부분이 있습니다. 무엇이 어떻게 달라졌는지 이야기해 봅시다.

우리는 눈으로 그림을 보고 서로 다른 부분을 찾아냈습니다. 사람은 귀로 듣고 무슨 소리인지 구분할 수 있습니다. 인공지능도 사람처럼 무엇을 보거나 듣고 그것이 무엇인지 구분할 수 있을까요?

얼굴 인식 기능은 인공지능 기술을 이용하면 기존에 입력된 얼굴과 새롭게 입력된 얼굴을 비교하여 같은 사람인지 판단하여 구별할 수 있습니다. 얼굴 인식 기능은 발달하면 신분증이나 비밀번호를 대신할 수도 있고 범죄자를 잡는 데에도 도움을 줄 수 있습니다.

*인식
사물을 구별하고 어떤 것인지 아는 것

발음 평가 기술은 인공지능을 활용한 음성 인식과 분석 기술로 영어 발음의 정확도를 평가해 줍니다.

스마트폰은 얼굴 인식* 기능을 이용해 스마트폰의 주인과 다른 사람의 얼굴을 구별하여 스마트폰 주인의 얼굴이 인식될 때만 잠금을 해제합니다.

*음성
사람의 목소리나 말소리

인공지능 기술로 음성*을 인식하여 영어 발음을 평가해 점수로 알려 주는 프로그램도 있습니다.

위와 같이 인공지능은 ㅅ ㄹ 처럼 보고 들을 수 있습니다.

2 사람의 말을 이해하는 인공지능을 알아봐요

✿ 어머니의 말씀을 듣고 강아지와 여자아이는 네모 상자 안의 물건 중 어떤 물건을 고
  를지 생각해 봅시다.

읽을 것 좀
가져다주겠니?

| 컵 | 연필 | 고기 | 책 |

Q1 강아지는 어떤 물건을 고를 것 같나요?
Q2 왜 그렇게 생각하나요?

Q3 여자아이는 어떤 물건을 고를 것 같나요?
Q4 왜 그렇게 생각하나요?

사람은 동물과 달리 말과 글을 이해할 수 있습니다. 인공지능 기기도 사람처럼 말과
글을 이해할 수 있을까요?

⚙ 말과 글을 이해하는 인공지능에 대해 알아봅시다.

인공지능 스피커는 사람들이 일상적으로 사용하는 말을 이해한 후 실시간으로 답변을 해 줍니다.

| 관련 영상 QR 코드

말을 알아듣는 똑똑한 사물, 인공지능

인공지능 스피커를 이용하면 인공지능을 활용한 음성 인식 기능으로 정보를 검색할 수도 있고, 가전제품을 켜고 끌 수도 있습니다.

인공지능 번역기는 우리가 평소에 사용하는 말을 글자나 음성으로 입력하면 다른 나라의 말로 바꿔 줍니다. 사진 속의 글자 번역도 가능합니다.

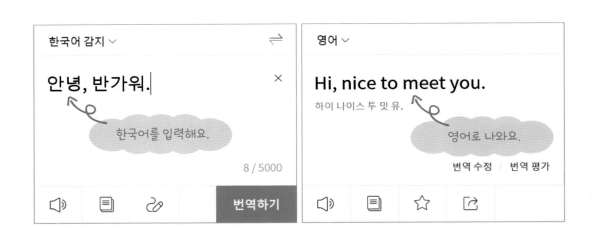

인공지능 번역기는 한국어를 입력하면 자동으로 내가 원하는 나라의 말로 바꿔 줍니다.

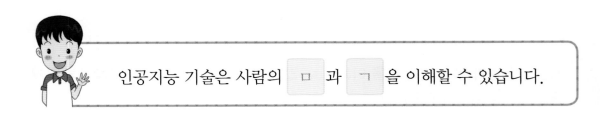

인공지능 기술은 사람의　ㅁ　과　ㄱ　을 이해할 수 있습니다.

3 사람처럼 생각하는 인공지능을 알아봐요

✿ 여자아이가 가장 빠르고 안전하게 집까지 갈 수 있는 길을 찾아 선으로 그려 봅시다.

생각해 보기

집까지 갈 수 있는 방법은 여러 가지가 있습니다. 그중에 가장 안전하고 빠르게 갈 수 있는 길을 찾아봅시다.

Q1 몇 칸을 움직여 집에 도착했나요?

Q2 위험한 곳을 지나치지는 않았나요?

우리는 주변 환경을 보고 가장 안전하고 빠른 길을 찾았습니다. 이처럼 상황에 알맞게 생각을 하는 것을 '합리적*으로 생각한다.'라고 합니다. 인공지능 기기도 우리처럼 합리적으로 생각할 수 있을까요?

＊합리적
이론이나 이치에 합당한 것

⚙ 합리적으로 생각을 하는 인공지능 기기에 대해 알아봅시다.

인공지능 내비게이션은 인공지능 기술로 교통 데이터를 분석하여 빠르고 편리한 길을 안내합니다.

＊**내비게이션**
원하는 목적지까지 빠르게 이동할 수 있도록 길을 안내하는 장치나 프로그램

▲ 길 찾기　　　　　　▲ 실시간으로 길 안내

내비게이션＊은 실시간으로 교통 정보를 전달받아서 막히지 않는 가장 빠르고 편리한 길을 안내해 줘요.

뇌종양 진단 정확도와 속도에서 인공지능이 의사를 앞질렀다는 연구 결과가 있습니다. 인공지능을 의사의 진단 보조 수단으로 사용하면 잘못된 진단은 줄이고 조기 진단은 늘릴 수 있어 환자 치료 효과가 이전보다 높아질 것으로 기대하고 있습니다.

＊**의료**
병을 고치는 일

의료＊ 분야에서도 환자에게 병이 있는지 판단하기 위해 환자의 검사 결과를 인공지능 기술로 분석하기도 합니다.

인공지능 기기도 우리처럼 합리적으로 생각할 수 있을까요?

4 인공지능도 공부하면 똑똑해져요

⚙ 부엉이*와 올빼미*를 구별해 봅시다.

〈보기〉의 동물은 부엉이일까요? 올빼미일까요?

＊부엉이
올빼미와 비슷하나 눈이 크고 머리 꼭대기에 귀 모양의 깃이 있는 새

＊올빼미
머리는 둥글고 귀 모양 깃털이 없는 새

Q1 [부록 5]의 스티커에서 부엉이와 올빼미를 찾아 붙여 보세요.

부엉이	올빼미

Q2 〈보기〉의 새는 부엉이인가요? 올빼미인가요? 왜 그렇게 생각하나요?

우리는 부엉이와 올빼미의 사진을 보며 부엉이와 올빼미의 특징에 대해 알게 되었습니다. 이렇게 새로운 사실을 배우는 것을 '학습*'이라고 합니다. 인공지능 기기도 사람처럼 학습할 수 있을까요?

＊학습
배우고 익혀서 지식을 습득하는 것

✿ 학습하는 인공지능에 대해 알아봅시다.

자동차가 주행할 때는 예상치 못한 다양한 상황이 발생합니다. 이때, 모든 상황을 자동차에게 알려 주기 어려우므로 주행 중 모은 정보를 통해 스스로 규칙을 학습할 수 있는 인공지능 기술이 자율 주행 자동차에 적용됩니다.

| 관련 영상 QR 코드

인공지능은 세상을 어떻게 인식할까?

자율 주행 자동차는 다양한 주행 경험을 통해 얻은 정보를 학습해서 점점 더 안전하고 효율적인 운전을 할 수 있습니다.

알파고는 구글의 '딥마인드'라는 회사가 개발한 인공지능 바둑 프로그램입니다. 이 프로그램은 스스로 학습하는 인공지능 기술을 통해서 바둑 실력을 점점 더 향상시켰습니다.

| 관련 영상 QR 코드

알파고의 필승 전략

인공지능 바둑 프로그램인 알파고가 처음부터 바둑을 잘 둔 것은 아닙니다. 엄청나게 많은 바둑 경험을 학습하여 점점 바둑 실력이 늘었고 세계 최고의 바둑 기사인 이세돌 9단과의 바둑 대결에서 4 대 1로 이길 수 있었습니다.

인공지능도 사람처럼 [ㅎ] [ㅅ] 하면 더 똑똑해집니다.

✿ 인공지능이 할 수 있는 일에 색칠해 봅시다.

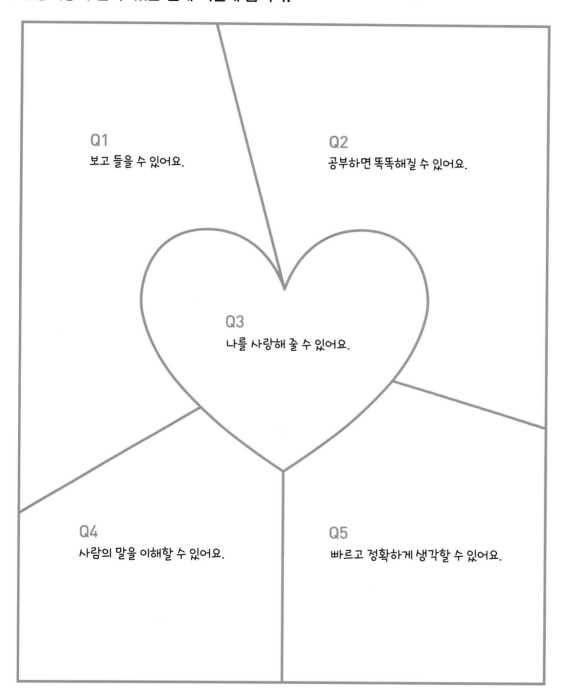

Q1
보고 들을 수 있어요.

Q2
공부하면 똑똑해질 수 있어요.

Q3
나를 사랑해 줄 수 있어요.

Q4
사람의 말을 이해할 수 있어요.

Q5
빠르고 정확하게 생각할 수 있어요.

✿ 빈칸에 들어갈 알맞은 말을 넣어 봅시다.

▪ 인공지능은 ㅅ ㄹ 처럼 생각하고 행동할 수 있어요.

🤖 **생각 열기**

생각해 보기

다른 나라의 말을 이해하지 못해서 불편했던 경험이 있었는지 떠올려 봅시다.

⚙ **다양한 인공지능 기기를 직접 체험해 봅시다.**

* **번역**

어떤 언어로 된 글을 다른 언어로 옮기는 것

1 인공지능 번역기를 체험해 봐요

⚙ 인공지능 번역기에 대해 알아봅시다.

인공지능 번역기는 한국어를 다른 나라의 말로 바꾸어 주고, 다른 나라의 말을 한국어로도 바꾸어 줍니다. 번역기에 바꾸고 싶은 말을 입력하면 다른 나라의 말로 바꿀 수도 있습니다. 번역기를 이용하면 실시간으로 다른 나라의 사람과 대화를 할 수 있습니다.

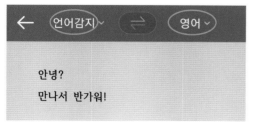

 이미지 번역 기능은 네이버 파파고나 구글 번역 애플리케이션을 이용하면 됩니다.

바꾸고 싶은 말의 사진을 찍으면 다른 나라의 말로 바꿀 수 있는 이미지 번역 기능도 있습니다.

❋ 여러 나라의 말로 쓰인 편지를 이미지 번역 기능을 이용해서 읽고 질문에 알맞은 답에 동그라미를 쳐 봅시다.

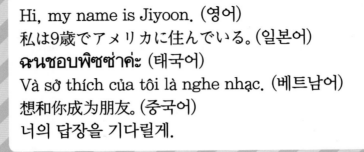

Hi, my name is Jiyoon. (영어)
私は9歳でアメリカに住んでいる。(일본어)
ฉันชอบพิซซ่าค่ะ (태국어)
Và sở thích của tôi là nghe nhạc. (베트남어)
想和你成为朋友。(중국어)
너의 답장을 기다릴게.

이미지 번역 기능 사용 방법

① 번역기 애플리케이션을 실행한 후 '이미지' 버튼을 누릅니다.

② 편지를 촬영합니다.

③ 왼쪽은 편지에 적힌 나라의 말, 오른쪽은 한국어를 선택합니다. 오른쪽의 말을 바꿔 가며 편지를 읽어 봅시다.

편지에 적힌 말을 선택

바꾸고 싶은 나라의 말 선택

Q1 편지를 보낸 사람의 이름은 무엇인가요?

| 지윤 | 하윤 | 현서 |

Q2 나이는 몇 살인가요?

| 8 | 9 | 10 |

Q3 어떤 나라에 살고 있나요?

| 일본 | 미국 | 태국 |

Q4 좋아하는 음식은 무엇인가요?

| 김밥 | 피자 | 떡볶이 |

Q5 취미는 무엇인가요?

| 음악 듣기 | 그림 그리기 | 책 읽기 |

Q6 나와 무엇이 되고 싶다고 했나요?

| 가족 | 친구 | 이웃 |

Q7 인공지능 번역기가 있다면 다른 나라의 친구도 사귈 수 있겠죠?

2 인공지능 스피커를 체험해 봐요

✿ **인공지능 스피커에 대해 알아봅시다.**

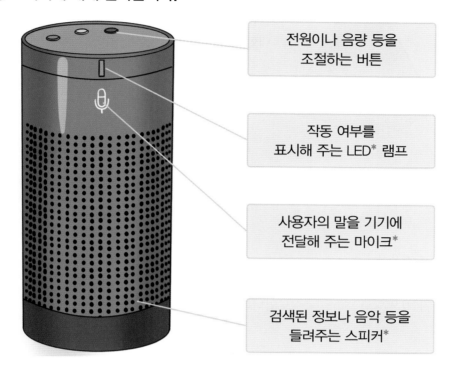

전원이나 음량 등을
조절하는 버튼

작동 여부를
표시해 주는 LED* 램프

사용자의 말을 기기에
전달해 주는 마이크*

검색된 정보나 음악 등을
들려주는 스피커*

여기서 잠깐
인공지능 스피커가 없을 때는 스마트폰의 음성 인식 기능을 사용해도 좋습니다.

＊LED
전기가 흐르면 빛을 내는 조명

＊마이크
입력될 소리를 전기 신호로 바꿔 주는 장치

＊스피커
전기 신호를 사람들이 들을 수 있는 소리로 바꿔 주는 장치

인공지능 스피커는 인공지능 기술로 사람의 말을 인식해 여러 가지 일을 할 수 있습니다.

- 듣고 싶은 음악을 말하면 해당 음악을 들려줘요.
  예 '애국가' 들려 줘!
- 궁금한 게 있으면 알려 줘요.
  예 '사과'가 영어로 뭐야?
- 집 안의 전자 기기와 연결하면 전자 기기를 켜거나 끌 수 있어요.
  예 공기 청정기 켜 줘!
- 스마트폰과 연결하면 통화할 수 있어요.
  예 '엄마'에게 전화 걸어 줘!

✿ **인공지능 스피커를 이용해 빈칸을 채워 봅시다.**

Q1
대한민국에서 가장 높은 산은 ☐☐☐ 이고

높이는 해발 ☐☐☐☐ m입니다.

Q2
오늘 우리 지역의

최고 기온은 ☐ 도,

최저 기온은 ☐☐ 도입니다.

Q3
우리 학교의 전화번호는

☐ – ☐ – ☐

입니다.

Q4 55×78= ☐☐☐☐

인공지능 스피커는 우리가 궁금해하는 것을 알려 줄 수 있어요. 그리고 재미있는 이야기나 좋아하는 노래를 들려줄 수도 있어요. 인공지능 스피커의 다양한 기능을 체험해 봅시다.

3 그림 맞추기 게임을 해 봐요

⚙ 퀵 드로우에 대해 알아봅시다.

| 프로그램 활용

퀵 드로우

퀵 드로우는 구글이 개발한 그림 퀴즈 게임입니다. 우리가 그림을 그리면 퀵 드로우는 인공지능 기술을 이용해 우리가 그린 그림이 무엇인지 추측*합니다.

* 추측
확실하지 않은 것을 미루어 생각해서 판단하는 것

여기서 잠깐 🚌
퀵 드로우를 스마트폰이나 태블릿 PC에서 실행하면 손으로 그림을 그릴 수 있어 더 편리합니다.

⚙ 퀵 드로우를 체험해 봅시다.

① 퀵 드로우(https://quickdraw.withgoogle.com/)를 실행합니다.

② [시작하기] 버튼을 누르면 그려야 할 그림 이름과 20초의 제한 시간이 안내됩니다. [알겠어요!] 버튼을 누르면 바로 게임이 시작됩니다.

③ 그림을 그리는 중이라도 퀵 드로우가 그림이 무엇인지 알아차리면 다음 문제로 넘어갑니다.

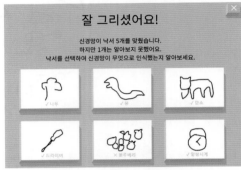

퀵 드로우는 사람들이 그린 그림의 공통적인 특징을 학습합니다. 사용자가 많아질수록 퀵 드로우가 학습할 수 있는 그림이 많아져 퀵 드로우가 점점 더 똑똑해진답니다.

④ 문제는 총 6개입니다. 오른쪽과 같이 6개의 문제가 끝나면 내가 그린 그림을 다시 확인할 수 있습니다.

⑤ 퀵 드로우는 다른 사람들의 그림을 보고 학습합니다. 그림들에서 공통된 특징을 발견할 수 있나요?

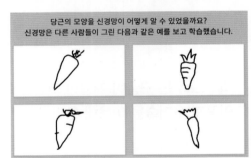

⑥ 재미있게 퀵 드로우를 체험해 봅시다.

여기서 잠깐
주변 사람들에게 처음 그림을 보여 줄 때 다시 그린 그림은 종이로 가리고 보여 줍니다.

✿ 내가 그린 그림 중 퀵 드로우가 맞추지 못한 그림이 있다면 아래 왼쪽 칸에 그대로 그려 봅시다. 다른 사람들이 그린 그림에서 공통적인 특징을 찾아 다시 그려 봅시다.

처음 그림	다시 그린 그림

친구들과 서로 처음 그림이 무엇을 그린 것인지 맞춰 봅시다. 다시 그린 그림도 무엇을 그린 것인지 맞춰 봅시다. 어떤 그림을 맞추기가 더 쉬웠나요?

생각 정리하기

❀ **인공지능 기기를 체험한 후 느낀 점을 이야기해 봅시다.**

인공지능 스피커

인공지능 번역기

퀵 드로우

Q1 인공지능 기기를 체험한 후 편리하거나 좋았던 점이 무엇인가요?

Q2 인공지능 기기를 체험한 후 불편했거나 아쉬웠던 점은 무엇인가요?

❀ **인공지능 기기에 추가하거나 고치고 싶은 기능이 있다면 써 봅시다.**

인공지능 스피커	인공지능 번역기
㉠ 모니터가 있어서 보고 싶은 그림을 이야기하면 바로 보여 주면 좋겠어요.	㉠ 다른 나라 사람과의 전화 통화를 자동으로 번역해 주면 좋겠어요.

O4 숫자와 글자의 중요성

숫자와 글자를 사용하는 이유를 알아봄으로써 숫자, 글자 데이터의 중요성을 이해할 수 있다.

생각 열기

❋ 사람들이 숫자와 글자를 사용하는 이유를 생각해 봅시다.

생각해 보기

숫자와 글자가 없다면, 어떤 일이 일어날까요?

여기서 잠깐

숫자와 글자를 사용하는 이유에 대해 생각해 본 후에 다음 활동으로 넘어가도록 합니다.

1 생활 속 숫자와 글자를 알아봐요

⚙ 교실에서 숫자*와 글자*가 어떻게 사용되고 있는지 생각하며 알맞은 칸에 색칠해 봅시다.

*숫자
수를 나타내는 기호
㉠ 1, 2, 3, ……

1 2 3 4 5
6 7 8 9 0

*글자
말을 적기 위해 정해놓은 기호
㉠ 한글, 알파벳, 한자 등

모두모두
사랑해
English
漢文

시계에 표시된 **시간**은 | 숫자 | 글자 |로 표현돼 있어요.

시간표 안 **요일**은 | 숫자 | 글자 |로
시간표 안 **교시**는 | 숫자 | 글자 |로
시간표 안 **과목명**은 | 숫자 | 글자 |로 표현돼 있어요.

학생이 재고 있는 **키**는 | 숫자 | 글자 |로 표현해요.

급식 메뉴는 | 숫자 | 글자 |로
칼로리는 | 숫자 | 글자 |로 표현돼 있어요.

칠판에 적힌 **배울 내용**은 | 숫자 | 글자 |로 표현돼 있어요.

여러분의 교실을 생각해 보세요.

이 밖에 숫자와 글자가 교실에서 어떻게 사용되고 있나요?

✿ 우리 주변에는 정말 많은 숫자와 글자가 있어요. 우리 생활 속에서 숫자와 글자가 어떻게 사용되고 있는지 생각해 봅시다.

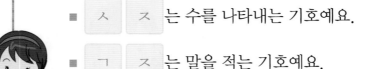

- ㅅ ㅈ 는 수를 나타내는 기호예요.

- ㄱ ㅈ 는 말을 적는 기호예요.

- 우리는 생활 속에서 숫자와 글자를 다양하게 사용하고 있어요.

2 숫자와 글자는 왜 필요한지 알아봐요

✿ 만약 숫자가 없다면 어떤 일이 일어날까요? 만화를 보고 함께 생각해 봅시다.

생각해 보기

• 숫자가 없으면 어떤 불편한 점이 있을까요?
• 숫자가 없는 여러분의 생활을 상상해 보세요.

Q1 지민이에게 어떤 문제가 생겼나요?

Q2 재료를 얼마만큼 넣을지 숫자를 이용해 알려준다면, 상황이 어떻게 달라질까요?

숫자가 없으면, (편리한 / 불편한) 점이 많아요!

✿ 숫자가 없던 옛날에 사람들은 어떻게 수를 표현했을까요? 숫자가 없어 어떤 어려움이 있었을지 만화를 통해 살펴봅시다.

처음부터 우리가 사용하고 있는 숫자로 수를 표현한 것은 아닙니다.

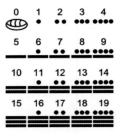

▲ 고대 이집트 숫자

0	1	2	3	4
5	6	7	8	9
10	11	12	13	14
15	16	17	18	19

▲ 마야 숫자

위의 그림처럼 옛날에는 사물이나 동물 모양으로 수를 표현하는 등 다양한 방법을 사용하였습니다.

Q1 숫자가 없어 어떤 어려운 점이 있었나요?

Q2 사람들은 숫자를 왜 필요로 했나요?

숫자를 사용하는 이유

■ 수를 기호로 표현해 쉽게 ㄱ ㅇ 할 수 있어요.

■ 많은 수를 간단히 ㅍ ㅎ 할 수 있어요.

✿ 만약 글자가 없다면 어떤 일이 일어날까요? 다음 쪽지를 보고, 글자가 왜 필요한지 생각해 봅시다.

Q1 다음 쪽지로 전하고 싶은 말은 무엇일까요?

Q2 글자가 없으면 어떤 불편함이 있나요?

글자가 발명되기 전에는 그림으로 생각을 표현했답니다. 하지만 그림으로 모든 생각을 표현하기 힘들었죠. 그래서 글자가 만들어지게 되었습니다.

▲ 고대 수메르인 그림 글자

✿ 다음은 선생님이 학생들에게 알려 주고 싶은 내용입니다. 글자를 사용하지 않고 내용을 표현해 봅시다.

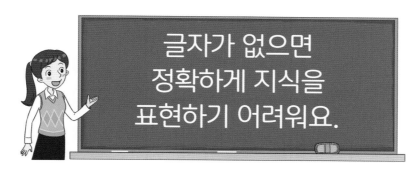

여기서 잠깐
• 그림뿐만 아니라 몸짓을 이용해서도 지식을 표현할 수 있어요.
• 그 외에 다양한 방법을 생각해 지식을 표현해 보세요.

❀ 글자가 중요한 이유가 무엇인지 생각해 봅시다.

글자를 이용하면 지식과 정보를 저장하고 그 의미를 정확하게 전달할 수 있습니다.

Q1 지식을 저장해 전달하려면 무엇이 필요할까요?

❀ 글자가 없었다면 지금 우리는 어떤 모습일까요? 글자가 중요한 이유가 무엇인지 생각해 봅시다.

글자가 없으면, 지식을 ㅍ ㅎ 하고 ㅈ ㅈ 하기 어려워 지금처럼 발전된 세상에 살고 있지 못할 거예요.

3 일상에서 숫자와 글자가 없는 경우를 상상해 봐요

✿ 숫자를 사용하지 않고 그림으로 자신의 생일을 표현해 봅시다.

여기서 잠깐

활동을 통해 숫자의 필요성을 느끼도록 합니다.

생각해 보기

- 수만큼 그림을 그리거나, 수만큼 간단한 표시를 하는 방법으로 숫자 없이 수를 표현할 수 있습니다.
- 자신을 소개할 수 있는 그림으로 수를 표현해 봅시다.

✿ 숫자를 사용하여 자신의 생일을 표현해 봅시다.

Q1 그림과 숫자 중 어느 표현 방법이 생일을 빠르게 표현할 수 있나요?

Q2 생일이 언제인지 한눈에 이해할 수 있는 표현 방법은 그림인가요? 숫자인가요?

Q3 활동을 통해 알게 된 점은 무엇인가요?

여기서 잠깐

• 그림으로 표현한 이름은 '신진선'입니다.
• '신발'의 '신'
  '진돗개'의 '진'
  '선인장'의 '선'

여기서 잠깐

• 자신의 이름 앞 글자와 같은 그림을 이용해 이름을 표현해 보세요.
• 다른 방법으로 이름을 표현해도 좋아요.

✿ 글자를 사용하지 않고 그림으로 이름을 표현했습니다. 다음의 그림은 어떤 이름을 표현한 걸까요?

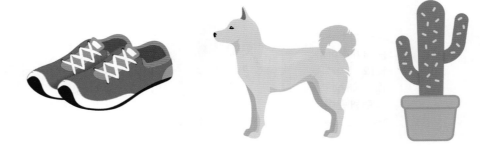

Q1 그림이 나타내는 이름을 정확히 (알 수 있어요 / 알기 어려워요).

Q2 그림으로 지식을 전달할 때 어떤 어려움이 있나요?

✿ 자신의 이름을 그림으로 표현해 봅시다.

이름

Q1 이름을 빠르게 표현할 수 있는 방법은 (그림 / 글자)입니다.

Q2 이름을 정확하게 표현할 수 있는 방법은 (그림 / 글자)입니다.

사람이 숫자와 글자로 지식을 빠르고 정확하게 표현하고 이해할 수 있듯이, 인공지능도 숫자와 글자 데이터*로 지식과 정보를 저장하고 이해할 수 있어요.

인공지능에게 지식과 정보를 어떻게 전달할까요?

• 인공지능이 이해하도록 숫자와 글자로 지식이나 정보를 표현합니다.
• 인공지능이 이해하도록 지식이나 정보를 표현한 것을 '데이터'라고 합니다.

＊데이터(data)
컴퓨터가 이해할 수 있는 문자, 숫자, 소리, 그림 등의 형태로 된 정보

🤖 **생각 정리하기**

⚙️ **올바르게 말하는 숫자와 글자를 색칠해 봅시다. 어떤 글자가 나오나요?**

⚙️ **빈칸에 들어갈 알맞은 말을 넣어 봅시다.**

▪ 숫자와 글자로 지식과 정보를 [ㅈ] [ㅈ] 해요.

▪ 지식이나 정보를 표현하는 숫자나 글자를 '데이터'라고 해요.

▪ 인공지능은 [ㄷ] [ㅇ] [ㅌ] 로 공부해요.

🤖 **생각 열기**

⚙ 인공지능이 숫자를 이용해 그림을 표현하는 방법에 대해 생각해 봅시다.

그림을 숫자로 어떻게 표현할 수 있을지 생각해 본 후에 다음 활동으로 넘어가도록 합니다.

Q1 지민이에게 어떤 문제가 있나요?

Q2 여러분도 지민이와 같은 문제를 경험한 적이 있나요?

 인공지능은 ㅅ ㅈ 를 이용해 그림을 표현해요.

🤖 생각 펼치기

1 숫자를 이용해 그림을 그려 봐요

⚙ **숫자 점을 이용해 그림을 그려 봅시다.**

송이와 지민이가 숲에서 무서운 곰을 만났어요. 아래의 그림을 그려 주면, 송이와 지민이를 지나가게 해 준대요. 여러분이 송이와 지민이를 도와주세요. 숫자 점을 순서대로 이어 곰에게 그림을 그려 주세요.

생각해 보기 🤖
숫자를 연결하기 전, 어떤 그림이 나올지 생각해 봅시다.

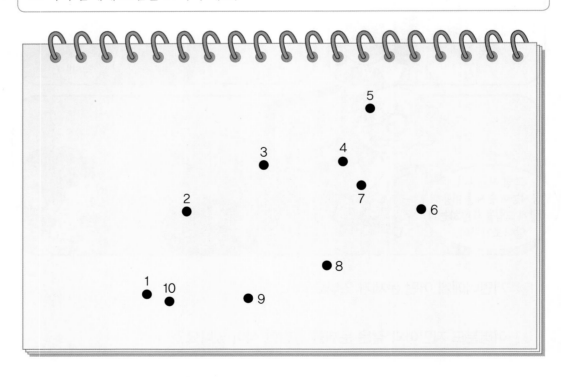

Q1 숫자를 연결해 보았나요? 어떤 모양이 나왔는지 써 봅시다.

Q2 숫자 점을 이용한 그림을 만들어 봅시다.

내가 그린 그림

숫자 점으로 그림 그리는 방법
① 연하게 밑그림을 그린다.
② 꺾이는 부분마다 점을 찍는다.
③ 그리는 순서에 맞게 점 위에 숫자를 적는다.
④ 밑그림을 지운다.

여기서 잠깐

숫자 점으로 그릴 그림 (예시)

토끼   컵

코끼리   꽃

여기서 잠깐

숫자를 이용해 색칠할 수 있는 방법을 생각해 본 후에 다음 활동으로 넘어가도록 합니다.

✿ 네모 칸에 있는 숫자 0과 1을 이용한 그림을 규칙에 따라 완성해 봅시다.

생각해 보기

숫자 1이 적힌 칸에 색을 칠하기 전, 어떤 그림이 완성될지 먼저 생각해 봅시다.

왜 숫자 0과 1을 사용할까요?

• 컴퓨터는 2진법을 사용합니다.
• 전기적 신호로 의미를 전달하는 방법이 0(전기 신호가 없음.), 1(전기 신호가 있음.)이기 때문입니다.
• 즉 컴퓨터는 숫자 0과 1로 표현해야 이해할 수 있습니다. 컴퓨터가 이해할 수 있도록 숫자 0과 1로 신호를 표현해야 합니다.

2진법은 0과 1 두 개의 숫자만을 이용하여 수를 나타내는 방법을 말합니다.

규칙

숫자 1이 적힌 칸에만 색을 칠하세요.

0	0	0	0	0	0	0
0	1	0	0	0	1	0
1	1	1	0	1	1	1
0	1	1	1	1	1	0
0	0	1	1	1	0	0
0	0	0	1	0	0	0
0	0	0	0	0	0	0

Q1 어떤 그림이 완성되었나요?

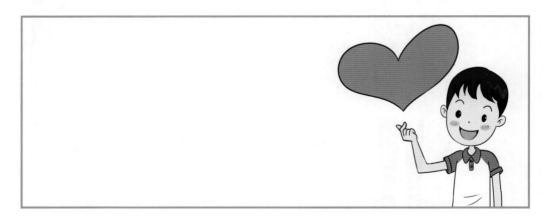

⚙ 숫자 0과 1을 이용해 그림을 나타내 봅시다.

Q1 다음 칸을 색칠해 원하는 그림을 나타내 봅시다.

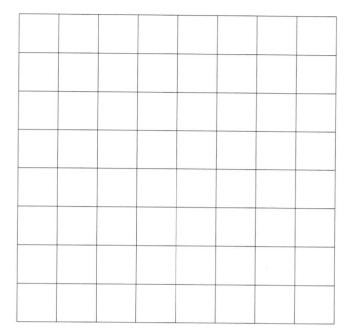

Q2 위의 그림을 숫자 0과 1을 이용해 나타내 봅시다.

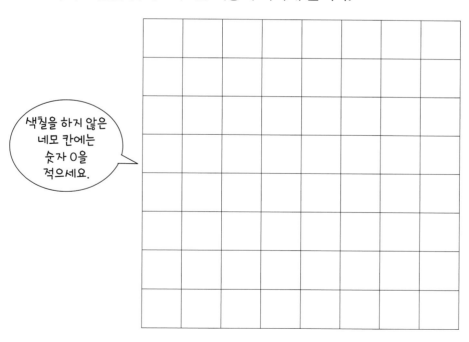

색칠을 하지 않은 네모 칸에는 숫자 0을 적으세요.

색칠을 한 네모 칸에는 숫자 1을 적으세요.

ㄴ ㅁ 칸 안에 ㅅ ㅈ (0, 1)를 적어 그림을 표현할 수 있어요.

숫자 0과 1로 그림 그리는 방법

① 네모 칸을 색칠하며 원하는 그림을 그린다.

② 색칠되지 않은 부분에는 0, 색칠된 부분에는 1을 적는다.

여기서 잠깐

0, 1 숫자로 나타내는 그림 예시

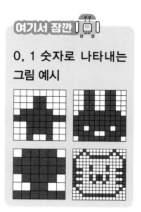

인공지능은 네모 칸 안에 있는 숫자(0, 1)를 통해 그림을 이해합니다.

인공지능이 그림을 이해할 수 있도록 네모 칸 안에 숫자를 적어 그림을 표현합니다. 이처럼 인공지능이 이해할 수 있는 형태로 바꿔 놓은 것을 '데이터'라고 합니다.

0	0	0	0	0	0	0	0
0	1	0	0	0	1	0	0
1	1	1	0	1	0	0	0
0	1	1	1	1	1	1	0
0	0	1	1	1	0	0	0
0	0	0	1	0	0	0	0
0	0	0	0	0	0	0	0

▲ 인공지능이 그림을 이해하도록 바꿔 놓은 데이터

2 다양한 수를 이용해 알록달록 색칠해 봐요

✿ 숫자 0과 1을 사용하여 그림을 표현하면, 한 가지 색으로만 표현됩니다. 숫자를 이용해 다양한 색으로 표현하려면 어떻게 해야 할까요?

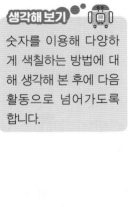

생각해 보기

숫자를 이용해 다양하게 색칠하는 방법에 대해 생각해 본 후에 다음 활동으로 넘어가도록 합니다.

✿ 숫자를 이용해 알록달록 다양한 색이 있는 그림을 나타내려면, 아래의 규칙을 알아야 합니다. 규칙을 잘 이해하고 그림을 완성하여 송이에게 예쁜 그림을 선물해 봅시다.

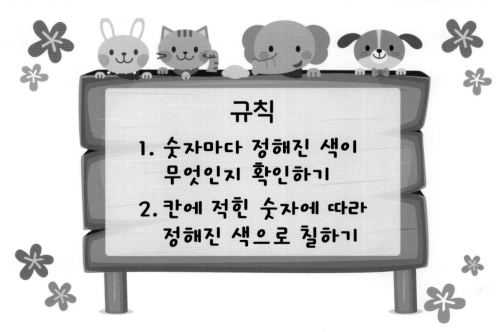

규칙

1. 숫자마다 정해진 색이 무엇인지 확인하기
2. 칸에 적힌 숫자에 따라 정해진 색으로 칠하기

Q1 아래는 여러 숫자로 표현한 그림입니다. 어떤 그림일 것 같나요?

Q2 앞에서 배운 규칙에 따라 숫자에 맞는 색을 칠해 예쁜 그림을 완성해 볼까요?

숫자와 색깔

0 = 흰색(□), 1 = 빨간색(■), 2 = 하늘색(■), 3 = 검은색(■)

1	2	1	2	2	2	2	1	2	1
1	1	2	2	2	2	2	2	1	1
1	2	2	2	2	2	2	2	2	1
1	2	0	0	2	2	0	0	2	1
1	2	0	3	2	2	3	0	2	1
1	1	1	1	1	1	1	1	1	1
2	2	1	1	1	1	1	1	2	2
2	2	1	1	1	1	1	1	2	2
2	2	1	1	1	1	1	1	2	2
2	1	2	1	2	2	1	2	1	2

● 예쁘게 그림을 완성하였나요? 숫자로 표현된 그림이 무엇이었는지 써 봅시다.

여기서 잠깐 색을 예쁘게 칠하는 것만 신경쓰기보다는 숫자로 그림을 표현할 수 있음을 기억하며 그림을 완성하도록 합시다.

여기서 잠깐 0에는 흰색, 1에는 빨간색, 2에는 하늘색, 3에는 검은색을 칠합니다.

인공지능은 숫자의 규칙을 통해 그림을 이해합니다.

여기서 잠깐 색과 숫자의 규칙을 정해, 다양한 색으로 그림을 표현할 수 있습니다.

✿ 지민이에게 선물할 알록달록 숫자 그림을 만들어 봅시다. 먼저, 숫자와 색깔의 규칙을 정해 봅시다.

숫자와 색깔

숫자로 다양한 색의 그림 그리는 방법

① 다양한 색으로 네모 칸을 칠하며 원하는 그림을 완성한다.
  *[부록 1]에 있는 표를 사용해서 그림을 그린 후 (네모 칸 색칠), 여기에 숫자로 표현해 보세요.
② 색깔에 따른 숫자를 정해 규칙을 만든다.
③ 규칙에 따라 네모 칸 안에 숫자를 적는다.

여러 숫자로 나타낸 그림

〈답 예시〉

1: 연두색   2: 흰색   3: 노란색
4: 보라색   5: 주황색

✿ 네모 칸에 알맞은 숫자를 적어 다양한 색의 숫자 그림을 완성해 봅시다.

네모 칸 안에 있는 숫자의 ㄱ ㅊ 을 정해 다양한 색의 그림을 표현할 수 있어요.

3 인공지능이 이해하는 그림을 알아봐요

✿ 만화를 통해 인공지능이 그림을 어떻게 이해하는지 알아봅시다.

지민아! 예쁜 숫자 그림 고마워!

박사님! 인공지능은 숫자로 그림을 표현한다고 하셨잖아요!

이런 그림인가요?

오! 우리 송이! 인공지능 박사가 다 됐네!

인공지능은 수많은 네모 칸으로 그림을 나누고, 칸에 있는 숫자의 규칙을 통해 그림을 이해한단다.

즉 숫자를 읽어서 그림을 본다고 할 수 있지!

너희들이 앞에서 했던 활동들처럼 말이야!

숫자로 그림을 표현할 때 사용한 네모 칸을 '픽셀*'이라고 합니다.

＊ 픽셀(pixel)
이미지를 구성하는 기본적인 단위로, '화소'라고도 함.

네모 칸 안에 적은 숫자를 '픽셀값'이라고 합니다.

인공지능은 픽셀값으로 색을 표현합니다.

인공지능은 ㄴ ㅁ 칸으로 그림을 나누고, 네모 칸의

ㅅ ㅈ 를 통해 그림을 이해합니다.

*픽셀 아트
네모 칸(픽셀)을 이용한
작품을 의미

여기서 잠깐

우리 생활 속에서 쉽게
보거나 만들 수 있는 숫
자 그림(픽셀)을 활용한
작품들입니다.

▲ 컬러 비즈

▲ 십자수

▲ 보석 십자수

▲ 모자이크

인공지능이 그림을 이해할 수 있도록 숫자를 이용해 표현한 것도

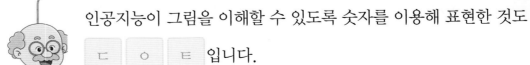 입니다.

✿ 서로 관련 있는 것끼리 연결해 봅시다.

네모 칸	데이터

네모 칸 안의 숫자	픽셀값

그림을 인공지능이 이해할 수 있도록 숫자로 표현한 것	픽셀

✿ 빈칸에 들어갈 알맞은 말을 넣어 봅시다.

■ 인공지능은 ㅅ ㅈ 를 이용해 그림을 인식해요.

■ 다양한 색의 그림을 표현하려면 색과 숫자 간의 ㄱ ㅊ 이 필요해요.

🔵 **생각 열기**

✿ 인공지능이 이해할 수 있는 다양한 데이터에 대해 생각해 봅시다.

여기서 잠깐!

인공지능이 이해할 수 있는 데이터에 대해 생각해 본 후 다음 활동으로 넘어가도록 합니다.

 인공지능이 이해할 수 있는 데이터는 (적어요 / 많아요).

1 우리는 어떤 인공지능을 사용하고 있을까요

⚙️ 생활 속에서 스마트 기기나 컴퓨터를 사용해 본 경험을 써 봅시다.

스마트 기기나 컴퓨터 등에는 인공지능 기술이 들어 있습니다. 여러분은 스마트 기기나 컴퓨터를 사용하면서 이미 인공지능 기술을 접하고 있답니다.

▲ 태블릿

▲ 스마트폰

▲스마트 워치

⚙️ 스마트 기기나 컴퓨터를 할 때, 어떤 데이터를 사용했나요?

> ㉠ 스마트폰으로 음악을 들었어요(소리 데이터).
> 노트북으로 춤 동영상을 보았어요(동영상 데이터).
> 친구들과 메시지를 주고받았어요(문자 데이터).

2 인공지능이 이해하는 다양한 데이터를 알아봐요

인공지능은 지능을 갖춘 컴퓨터 시스템입니다.

인공지능도 하나의 컴퓨터 시스템이므로, 여러분이 말한 스마트 기기 자료도 인공지능이 이해할 수 있습니다.

데이터(data)
- 문자, 숫자, 소리, 그림, 영상, 단어 등의 정보를 모두 데이터라고 합니다.
- 컴퓨터(인공지능)가 이해할 수 있도록 표현한 것입니다.

| 관련 영상 QR 코드

데이터, 누구냐 넌?

❀ **인공지능이 이해할 수 있는 데이터를 살펴봅시다.**

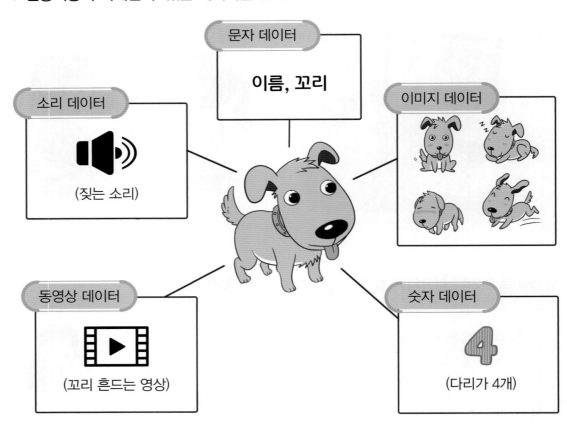

✿ 인공지능이 이해할 수 있는 데이터에 대해 자세히 알아봅시다.

문자 데이터	한글, 영어, 한자처럼 글자로 된 데이터 
숫자 데이터	학년, 나이와 같이 숫자로 된 데이터 1 2 3 4 5 6 7 8 9 0
이미지 데이터	그림, 사진과 같은 데이터 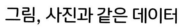
소리 데이터	악기 소리, 벨 소리, 목소리와 같이 다양한 소리로 된 데이터  (음악 소리)　(새소리)
동영상 데이터	영화, 드라마와 같은 연속적인 장면으로 움직이는 데이터   (동영상)　(영화)

인공지능은 데이터로 학습을 합니다.

데이터의 대표적인 유형에는 문자 데이터, 숫자 데이터, 이미지 데이터, 소리 데이터, 동영상 데이터가 있습니다.

데이터의 유형은 이 외에도 표 데이터, 그래프 데이터 등 다양한 유형이 있습니다.

▲ 표 데이터

▲ 그래프 데이터

✿ 인공지능으로 우리가 할 수 있는 일을 알아보고, 어떤 데이터를 사용했는지 써 봅시다.

인공지능으로 우리가 할 수 있는 일	사용한 데이터 종류
인공지능이 추천해 주는 영상을 봐요.	Q1
얼굴을 알아보고 다양한 모습으로 바꿔 주는 카메라 애플리케이션을 사용해 사진을 찍어요.	Q2
스마트폰에 오늘 날씨를 물어보면, 음성으로 답해 줘요.	Q3

카메라 애플리케이션으로 사진을 찍을 때, 내가 움직이면 어떻게 강아지 귀 모양이 내 귀에 맞게 움직일까요?

인공지능 기술로 얼굴을 알아봅니다. 그래서 눈, 코, 입의 위치를 확인해 예쁘게 화장해 주기도 하고, 재미있는 동물 모양으로 얼굴을 바꿔 주기도 합니다.

✿ 여러분은 인공지능으로 무엇을 할 수 있나요? 사용한 데이터 종류도 함께 써 봅시다.

생각해 보기

다양한 데이터를 활용해 인공지능으로 우리가 할 수 있는 일이 무엇인지 생각해 봅시다.

3 다양한 데이터로 자기소개를 해요

✿ **구름 안을 채워 자기소개를 완성해 봅시다.**

여기서 잠깐

빈칸에는 여러분이 적은 자기소개 주제를 적도록 합니다.

✿ 자기소개는 잘 완성했나요? 다양한 데이터를 사용해 자기소개를 할 때, 어떤 데이터를 사용해 소개하면 좋을지 연결해 봅시다.

이름

좋아하는 음악

잘하는 운동

생일과 키

나의 모습

문자 데이터

숫자 데이터

1 2 3 4 5

이미지 데이터

소리 데이터

동영상 데이터

생각해 보기

• 좋아하는 음악은 □□ 데이터를 사용해 들려주면 좋을 것 같습니다.

• 잘하는 운동은 □□□ 데이터를 사용하여 운동하는 영상을 보여 주면 좋을 것 같습니다.

이 문제는 정해진 답이 없어요. 여러분이 자신을 소개할 때 사용하고 싶은 데이터를 자유롭게 생각해 보세요.

단, 데이터의 종류를 모두 사용하도록 하세요.

✿ 데이터를 사용해 나를 소개하는 만화를 그려 봅시다.

예시

저는 ○○초에 다닙니다.
저는 강아지와 노는 것을 가장 좋아합니다.
제가 좋아하는 숫자는 2입니다.
저는 우리 엄마가 항상 틀어 놓는 라디오 소리가 참 좋습니다.

나를 소개해요💜

여기서 잠깐
자기소개 만화를 그릴 때, 다양한 데이터를 사용해 봅시다.

여기서 잠깐
60쪽에서 활동한 '자기소개에 맞는 데이터'를 사용해서 만화를 그려 봅시다.

여기서 잠깐
소리 데이터와 동영상 데이터는 만화로 표현하기 어렵습니다. 아래의 그림을 참고해 소리·동영상 데이터를 만화로 표현해 봅시다.

소리 데이터	🔊 (개 짖는 소리)
동영상 데이터	▶ (개가 꼬리 흔드는 영상)

부모님이나 친구에게 만화를 보여 주며, 나를 소개해 보세요.

어떤 데이터를 사용했는지 함께 말하면 더 좋겠죠!

❖ 다음은 다양한 데이터를 사용해 소개한 만화입니다. 만화를 보고 무엇을 소개하고 있는지 생각해 봅시다.

나는 누구일까요?

나는 [   ] 입니다.

❖ 여러분은 무엇을 소개하고 싶나요? 다양한 데이터를 사용해 소개해 봅시다.

[   ] 을 소개합니다.

생각해 보기
무엇을 소개할지 떠오르지 않으면, '학교'를 소개해 보세요.

⚙ 사다리 위에 있는 그림을 살펴봅시다. 어떤 데이터인가요? 어떤 데이터인지 먼저 생각해 본 후, 사다리를 타서 정답을 확인해 봅시다.

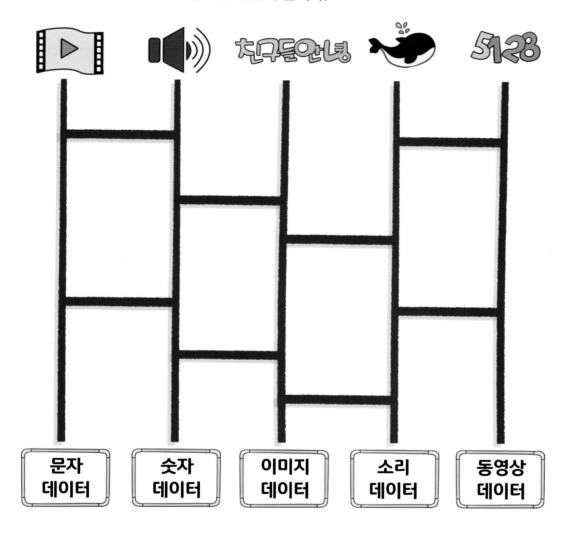

⚙ 빈칸에 들어갈 알맞은 말을 넣어 봅시다.

■ 인공지능이 이해할 수 있도록 표현한 것을 [ㄷ] [ㅇ] [ㅌ] 라고 합니다.

■ 데이터의 종류에는 [ㅁ] [ㅈ] 데이터, [ㅅ] [ㅈ] 데이터, [ㅇ] [ㅁ] [ㅈ] 데이터, [ㅅ] [ㄹ] 데이터, [ㄷ] [ㅇ] [ㅅ] 데이터가 있습니다.

생각 열기

✿ 인공지능이 어떻게 사람과 동물의 모습을 구분할 수 있는지 생각해 봅시다.

여기서 잠깐

스마트폰의 카메라로 내 얼굴을 찍어 봅시다.

생각해 보기

인공지능의 사람 인식 기술은?

사람을 인식하는 기술과 인식된 사람을 구분하는 기술이 있습니다. 이 차시에서는 여러 동물 중에서 사람을 인식하는 기술에 대해 알아봅시다.

인공지능 사람 인식 기술의 사례

▲ 얼굴 인식 보안 시스템

▲ 사람을 인식해서 자동으로 멈추는 자동차

생각 펼치기

1 사람과 동물을 구분해요

⚙ **다양한 동물들과 사람의 생김새를 자세하게 살펴봅시다.** [부록 6]의 스티커를 붙여 보세요.

여기서 잠깐

동물들의 사는 곳, 먹이와 같은 특징보다 생김새만 보고 비슷한 점과 다른 점을 찾아봅시다.

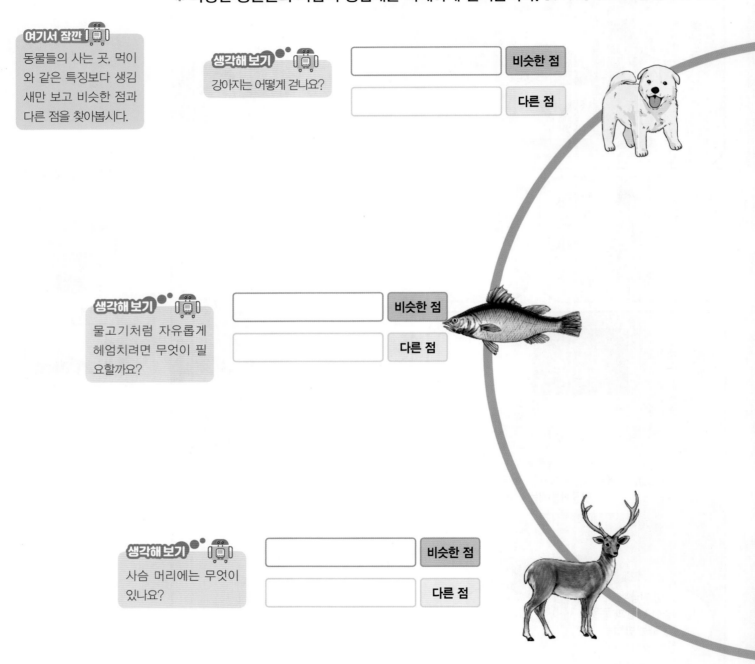

생각해 보기

강아지는 어떻게 걷나요?

| | 비슷한 점 |
| | 다른 점 |

생각해 보기

물고기처럼 자유롭게 헤엄치려면 무엇이 필요할까요?

| | 비슷한 점 |
| | 다른 점 |

생각해 보기

사슴 머리에는 무엇이 있나요?

| | 비슷한 점 |
| | 다른 점 |

비슷한 점	
다른 점	

생각해 보기

새가 날기 위해서 무엇이 필요할까요?

비슷한 점	
다른 점	

생각해 보기

개미는 다리가 몇 개일까요?

비슷한 점	
다른 점	

생각해 보기

원숭이는 (ㅌ)이 많아 옷이 필요 없어요.

인공지능에게 사람과 동물의 ㅂ ㅅ ㅎ 점과 ㄷ ㄹ 점을 모두 알려 주어야 합니다.

인공지능은 동물들의 생김새에서 비슷한 모양을 찾아내고(추출), 나누어(분류) 사람과 동물을 구분할 수 있습니다.

2 사람이 가진 특징을 찾아요

❖ 여러 가지 그림 중 '사람의 신체 기관'을 찾아봅시다. 또 빈칸에 들어갈 알맞은 말을 고르거나 써 봅시다.

생각해 보기
사람의 눈, 코, 입이 다른 동물들과 어떻게 다른지 확인해 봅시다.

Q1 사람의 눈을 찾아봅시다.

사람의 눈은 (   )개입니다.

인공지능이 여러 가지 데이터를 가지고 스스로 공부하도록 하는 것을 기계 학습 또는 머신 러닝이라고 합니다.

Q2 사람의 코를 찾아봅시다.

사람의 코는 (   ) 모양입니다.

Q3 사람의 입을 찾아봅시다.

사람의 입에는 ㅇ   ㅅ 과 **이**가 있습니다.

Q4 사람의 손을 찾아봅시다.

사람의 손에는 ㅅ ㄱ ㄹ 이 있습니다.

인공지능이 스스로 규칙을 찾을 수 있도록 도와주기 위한 여러 가지 방법이 있습니다.
- 정답과 틀린 것을 알려 주는 방법
- 정답을 알려 주지 않고, 규칙을 스스로 찾도록 하는 방법
- 계속 도전하면서 성공과 실패를 통해 성공을 더 많이 하는 법을 공부하는 방법

Q5 사람의 다리를 찾아봅시다.

사람은 (   )개의 다리로 걸어다닙니다.

Q6 사람의 몸통을 찾아봅시다.

사람의 몸에는 무늬가 (있습니다 / 없습니다).

✿ 인공지능이 사람을 찾기 위해서는 사람이 가진 특징을 알려 주어야 합니다. 사람이 가진 특징에 색칠해 봅시다.

여기서 잠깐!
다른 동물과 비교해 보면 사람만이 가진 특징을 찾을 수 있습니다.

여기서 잠깐!
인공지능에게 여러 가지 데이터를 정답과 정답이 아닌 것으로 나누어 알려 주어 공부를 시킬 수 있습니다(지도 학습).

| 관련 영상 QR 코드

똑똑한 AI의 비밀,
'지도학습'

다리가 2개다.

다리가 4개이다.

온몸에 털이 있다.

손가락이 있다.

날개가 있다.

지느러미가 있다.

눈이 2개이다.

더듬이가 있다.

코가 1개이다.

목이 길다.

손이 2개이다.

가시가 있다.

꼬리가 있다.

뿔이 있다.

인공지능에게 사람의 ㅌ ㅈ 을 알려 주면, 사람을 구분할 수 있어요.

✿ 인공지능에게 사람의 특징을 알려 주려면, 다양한 데이터를 보여 주어야 합니다.

여기서 잠깐

인종, 나이, 성별이 다르지만 모두 사람임을 알려 주어야 합니다.

인공지능의 정확도를 높이기 위해서는 다양한 데이터가 많이 필요합니다. 예를 들어, 남자 어린이 사진만 보여 준다면 여자 또는 피부색이 다른 사람, 나이가 많은 사람의 사진은 사람이 아닌 것으로 판단할 수도 있습니다.

Q1 네 명의 사람들은 어떤 점이 같은가요?

Q2 네 명의 사람들은 어떤 점이 다른가요?

3 동물들을 비교해 봐요

✿ 다른 동물들은 어떤 특징을 가지고 있을까요?

● 박사님이 말해 주는 특징을 잘 보고, 어떤 동물인지 찾아서 ○표해 봅시다.

1. 네발로 걸어 다닙니다.
2. 긴 꼬리를 가지고 있습니다.
3. 노란색 털로 덮여 있습니다.
4. 몸에 검은색 줄무늬가 있습니다.
5. 날카로운 송곳니와 발톱을 가지고 있습니다.

✿ 동물들의 사진을 잘 살펴보고, 동물이 가진 특징을 찾아 연결해 봅시다.

뾰족한 가시가
있다.

코가 길다.

딱딱한 등껍질이
있다.

발이 없고,
기어 다닌다.

귀가 길다.

머리에 뿔이 있다.

인공지능은 동물에 따라 공통적인 특징을 파악하여 동물을 구분할 수 있습니다.

[토끼 ○]

[토끼 ×]

인공지능은 여러 개의 데이터를 통해 토끼의 귀가 길다는 것을 알게 됩니다.

인공지능이 어떤 동물인지를 구분하려면, 여러 동물들을 비교해서 서로 (비슷한 점 / 다른 점)을 알려 주어야 합니다.

✿ 인공지능에게 소와 사슴을 알려 주었습니다. 그런데 문제가 생겼어요. 어떤 문제가 생겼는지 알아봅시다.

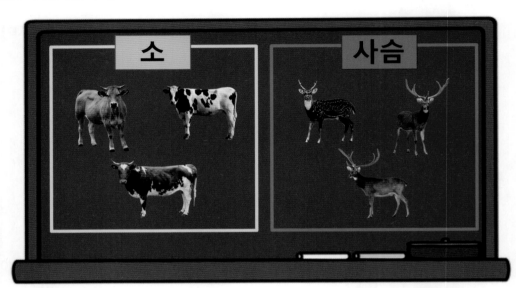

여기서 잠깐
어떤 점을 보고 소와 사슴을 구분하였는지 이야기해 봅시다.

인공지능은 완벽하지 않기 때문에 실수할 수 있습니다. 인공지능은 공부한 데이터로 학습하기 때문에 데이터를 넣을 때 주의해야 합니다.

Q1 인공지능은 왜 이 사진을 소라고 생각했을까요?

Q2 소와 사슴을 정확하게 구분하게 하려면, 어떤 점을 알려 줘야 할까요?

✿ 오늘 배운 내용에 색칠해 봅시다.

✿ 내가 좋아하는 동물은 무엇인가요? 내가 좋아하는 동물을 그리고, 사람과 비교해 봅시다.

사람	내가 좋아하는 동물
	(내가 좋아하는 동물을 그려 보세요.)
비슷한 점	다른 점

08 사물의 특징과 차이점을 이용하여 나누기

🤖 생각 열기

✿ **인공지능이 데이터를 구분하는 방법을 알아봅시다.**

인공지능은 여러 가지 데이터를 보여 주면 데이터에서 비슷한 특징을 찾아냅니다. 또한 따로 알려 주지 않아도 데이터의 특징이나 데이터 간의 관계를 알아낼 수 있습니다.

| 관련 영상 QR 코드

인공지능, 인간을 보다

사진으로 검색해 보니, 동물의 이름이 금방 나오네요!

인공지능은 어떻게 동물들을 구분할 수 있는 것일까요?

설마…… 모든 동물에 대해 알려 주어야 하나?!

너무 오래 걸릴 것 같은데!

그럼 지금부터 인공지능이 동물들을 어떻게 구분하는지 알아보자!

사진 검색

인공지능은 사진 속 사물의 특징을 파악하고, 기존에 학습한 데이터들과 비교하여 사물이 무엇인지 찾을 수 있습니다. 따로 검색어를 입력하지 않아도 되고, 이름을 몰라도 찾을 수 있다는 점이 편리합니다.

식물 검색 기능은 인공지능이 이미지를 분석하여 식물의 이름을 알려 줍니다.

▲ 꽃 검색

인공지능이 음식을 인식하여 영양 정보를 알려 줍니다.

▲ 인공지능 영양사 앱

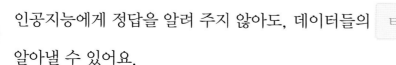

인공지능에게 정답을 알려 주지 않아도, 데이터들의 [ㅌ] [ㅈ]을 알아낼 수 있어요.

🙂 생각 펼치기

1 동물들을 무리 지어 봐요

인공지능은 동물들의 여러 가지 특징을 찾아 내어 비슷한 것끼리 무리 지을 수 있습니다.

*갈기
목이나 등에 길게 나 있는 털

생각해 보기 🤖
내가 알고 있는 동물들은 어떤 팀에 들어가는지 생각해 봅시다.

우리가 동물들의 비슷한 점과 다른 점을 비교해서 팀을 나누는 것처럼 인공지능도 여러 가지 데이터를 비교해서 비슷한 것은 묶고, 다른 것들은 나누는 작업을 반복합니다.

✿ 동물 친구들이 운동회를 준비하고 있습니다. 동물들이 너무 많아 두 팀으로 나누려고 합니다. 동물들의 특징을 잘 살펴보고 알맞은 팀을 찾아 색칠해 봅시다.

[빨강 팀] **뿔**이 있는 동물	[노랑 팀] **갈기***가 있는 동물
[파랑 팀] **물속에 사는** 동물	[보라 팀] **다리가 2개**인 동물

아래 동물들은 각각 어느 팀에 속할지 색칠해 봅시다.

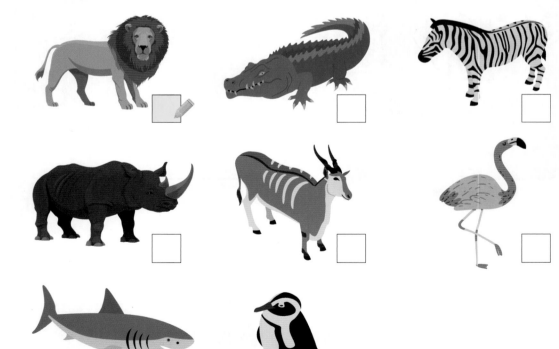

✿ [부록 1], [부록 2]에 있는 동물들을 원하는 대로 무리 지어 봅시다.

[활동 방법]

1 [부록 1], [부록 2]의 동물 카드를 가위로 잘라요.

2 동물들의 이름을 말해 보고, 동물들의 특징을 관찰해 봅시다.

고양이

3 [부록 2]의 기준에 따라 동물들을 무리 지어 봅시다.

다리 수

2개

4개

4 나만의 기준을 세워 동물 카드를 나누어 봅시다.

물과 가까운 친구들!

여기서 잠깐
• 가위를 사용할 때는 안전에 주의합니다.
• 카드는 총 16장입니다. 앞면에는 동물 그림이 있고, 뒷면에는 동물 이름이 있습니다.

 올바른 '기준'은 동물들을 그 기준에 따라 나누었을 때 사람들의 결과가 (같아야 / 달라야) 합니다.

여기서 잠깐
[잘못된 기준의 예]
• 멋있는 동물은?
• 귀여운 동물은?
• 무서워 보이는 동물은?

✿ 정해진 기준에 따라 동물 카드를 나눠 봅시다.

Q1 **다리의 개수**에 따라 동물들을 무리 지어 봅시다. [부록 1], [부록 2]의 카드를 사용하세요.

생각해 보기
기준에 따라 동물 카드를 나누어 보고, 남은 카드도 살펴봅시다. 또 어떤 기준으로 나눌 수 있는지 생각해 봅시다.

[다리 개수 **2**개]

[다리 개수 **4**개]

Q2 **발의 모양**에 따라 동물들을 무리 지어 봅시다.

[물갈퀴]

[발굽]

Q3 나만의 기준을 정하여 같은 특징을 가진 동물들끼리 무리 지어 봅시다.

여기서 잠깐
동물의 외적인 특징을 관찰하고, 적절한 기준을 세우도록 합니다.

[   ]

[   ]

[   ]

[   ]

생각해 보기
부록의 '기준 카드'를 사용해서 동물들을 나누어 봅시다.

2 어떤 특징을 가지고 있는지 알아봐요

✿ 무리 지어진 동물들을 살펴보고, 어떤 기준으로 나누었는지 〈보기〉에서 찾아 써 봅시다.

> **보기**
>
> 무늬　　　　　　날개　　　　　　다리 개수　　　　　　털

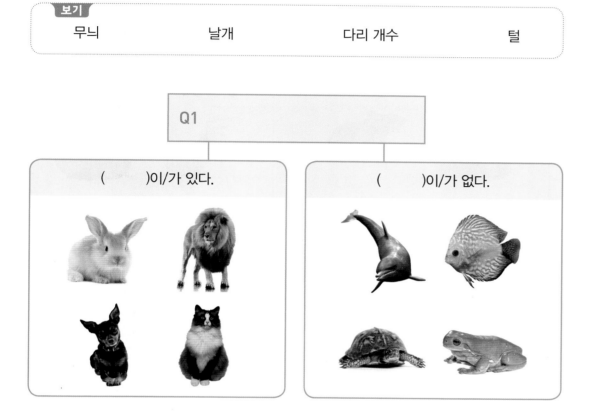

Q1

(　　　　)이/가 있다.　　　　(　　　　)이/가 없다.

여기서 잠깐

같은 무리에 있는 동물들은 다른 무리의 동물들과 구분되는 그 무리만의 비슷한 점이 있습니다. 이러한 점이 '기준'이 될 수 있습니다.

Q2

(　　　　)이/가 있다.　　　　(　　　　)이/가 없다.

생각해 보기

동물의 여러 가지 속성보다 직접 관찰할 수 있는 외적인 특징을 기준으로 분류*하여 봅시다.

*분류
기준에 따라 무리 짓는 것

Q3

(   )가/이 없다.

(   )가/이 있다.

사람들이 검색한 결과를 분석해서 좋아할 만한 상품을 추천해 주는 것처럼 인공지능은 여러 가지 데이터를 비슷한 것끼리 묶어서 정리해 줍니다. 따로 정답을 알려 주지 않아도 스스로 학습할 수 있습니다.

(   )개

(   )개

(   )개

Q4

| 관련 영상 QR 코드

끼리끼리 나눌 땐 비지도 학습

(   )개

(   )개

(   )개

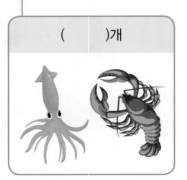

3 새로운 동물을 나누어요

✿ 이름표에 적힌 동물들을 찾아 선으로 연결해 봅시다. 새로운 동물은 어떤 무리에 들어
갈 수 있는지 연결해 봅시다.

| 이름표 | 무리 | 새로운 동물 |

귀가
세워진 개

귀가
접힌 개

검은색이
없는 고양이

검은색이
있는 고양이

인공지능은 기존에 학습
한 데이터를 바탕으로,
새로운 데이터가 들어오
면 특징을 파악하여 데
이터를 분류합니다.

✿ 가운데 있는 동물을 어떤 무리로 나눌 수 있을까요? 동물이 속하는 무리에 ○표 해 보고, 그 이유도 써 봅시다.

생각해 보기
무리 지어진 동물들의 비슷한 점과 다른 점이 무엇인지 자세하게 살펴봅시다.

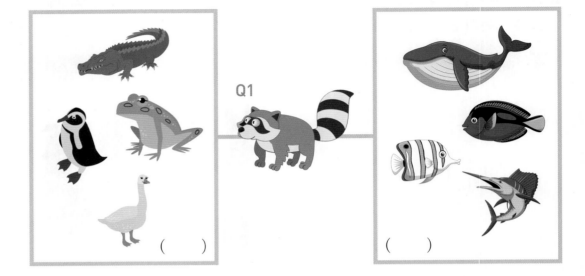

(   )

(   )

이유:

(   )

(   )

이유:

 인공지능은 (전에 / 나중에) 학습한 데이터를 바탕으로 새로운 데이터를 파악합니다.

✿ 오늘 배운 내용에 색칠해 봅시다.

Q1
동물들을 기준에
따라 무리 지을
수 있어요.

Q2
무리 지어진
동물을 보고 기준을
찾을 수 있어요.

Q3
좋아하는 동물과
싫어하는 동물로
나눌 수 있어요.

Q4
새로운 동물이
어디에 속하는지
말할 수 있어요.

✿ 빈칸에 들어갈 알맞은 말을 넣어 봅시다.

■ 인공지능은 동물들의 특징을 [ㄱ][ㅈ] 으로 정해 [ㄱ][ㅂ] 합니다.

■ 동물을 나누는 [ㄱ][ㅈ] 은 다리 수, 사는 곳, 무늬 등 다양한 것들이 있습니다.

학습 안내

여러 가지 모양의 도형의 특징을 알아보고, 기준에 맞는 새로운 도형을 그리는 활동을 통해 인공지능이 예측하는 과정을 체험할 수 있다.

생각 열기

✿ 인공지능이 공부한 결과를 어떻게 적용하는지 알아봅시다.

인공지능은 여러 가지 이미지(데이터)를 분석하여 특징을 알아냅니다. 그 특징을 바탕으로 머신 러닝(기계 학습)을 하여 다른 이미지(데이터)가 어디에 속하는지 예측할 수 있습니다.

예상, 예측을 통해 미래에 어떤 일이 일어날지 미리 이야기할 수 있습니다.

인공지능 재난 예측 시스템은 여러 가지 정보를 분석하여 위험이 발생할 곳을 예측하여 재난을 예방할 수 있도록 합니다.

내비게이션의 인공지능은 길의 구조, 자동차의 수, 시간 등을 분석하여 가장 빠른 길을 추천하거나 도착 시간을 예측합니다.

인공지능은 데이터를 스스로 학습하여 새로운 데이터를 ㄱ ㅂ 하거나 ㅇ ㅊ 할 수 있어요.

생각 펼치기

1 도형의 특징을 알아봐요

❉ 여러 가지 도형을 찾아보고, 몇 개인지 세어 봅시다.

인공지능은 도형 이미
지를 분석하여 도형의
특징을 학습합니다.

도형의 색이나 크기보
다 모양을 기준으로 나
누어 봅시다.

모양	개수	모양	개수
⬜		⬠	
△		⬡	
◯		☆	

✿ 우리 주변의 물건들은 어떤 모양일까요? 공통된 모양을 그려 봅시다.

Q1

생각해 보기

크기와 색은 다르지만 공통된 모양을 찾아봅시다.

Q2

Q3

Q4

Q5

✿ 도형에 대한 설명을 잘 읽어 보고, 알맞은 도형을 찾아 동그라미를 쳐 봅시다.

여기서 잠깐
곧은 선은 '변', 곧은 선이 만나는 점은 '꼭짓점'이라고 합니다.

Q1

곧은 선이 3개이고, 곧은 선이 만나는 점이 3개인 도형을 찾아 주세요.

여기서 잠깐
곧은 선이 3개, 곧은 선이 만나는 점이 3개인 도형을 '세모' 또는 '삼각형'이라고 합니다.

여기서 잠깐
곧은 선이 5개, 곧은 선이 만나는 점이 5개인 도형을 '오각형'이라고 합니다.

Q2

곧은 선이 5개이고, 곧은 선이 만나는 점이 5개인 도형을 찾아 주세요.

Q3

뾰족한 부분이 없고
굽은 선으로 이루어진
도형을 찾아 주세요.

여기서 잠깐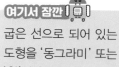
굽은 선으로 되어 있는
도형을 '동그라미' 또는
'원'이라고 합니다.

Q4

곧은 선이 4개이고,
곧은 선이 만나는 점이
4개인 도형을 찾아 주세요.

여기서 잠깐
곧은 선이 4개. 곧은 선
이 만나는 점이 4개인
도형을 '네모' 또는 '사
각형'이라고 합니다.

 도형의 특징은 ㅅ 과 ㅈ 의 개수로 이야기할 수 있어요.

2 여러 가지 도형을 찾아봐요

추가 준비물

(주사위)

게임 설명

1. [부록 3] 도형 카드와 주사위를 준비합니다.
2. 주사위를 던져 나온 수만큼 이동합니다.
3. 칸에 적힌 '기준'으로 [부록 3] 카드를 나눕니다.
4. 정답이 맞으면 ☆을 색칠하고, 틀리면 1칸 뒤로 갑니다.
5. ☆을 몇 개 모았는지 나의 기록을 써 봅시다.

[부록 3]의 카드를 사용하세요.

내가 모은 ☆의 개수는?

출발

Q1
굽은 선이 있는 도형은 모두 몇 개인가요?

Q2
곧은 선이 만나는 점이 3개인 도형을 모두 찾아보세요.

Q3
곧은 선이 만나는 점이 4개인 도형을 모두 찾아보세요.

Q4
곧은 선이 만나는 점이 5개인 도형을 모두 찾아보세요.

Q5
굽은 선이 없는 도형은 모두 몇 개인가요?

Q8
곧은 선이 4개인
도형을 모두
찾아보세요.

Q9
곧은 선이 만나는 점이 없는
도형을 모두 찾아보세요.

Q7
곧은 선이 5개인
도형을 모두
찾아보세요.

Q10
곧은 선이 만나는 점이
1개인 도형을
모두 찾아보세요.

Q6
곧은 선이 6개인
도형을 모두
찾아보세요.

도착

3 새로운 도형을 그려 봐요

✿ 주머니에 담긴 도형들을 보고 알맞은 기준을 모두 찾아 색칠해 봅시다.

곧은 선이 만나는 점이 3개이다. ✏	곧은 선이 5개이다.
곧은 선이 만나는 점이 4개이다.	곧은 선이 3개이다.

Q1 위의 도형 주머니에 들어갈 수 있는 새로운 도형을 그려 봅시다.

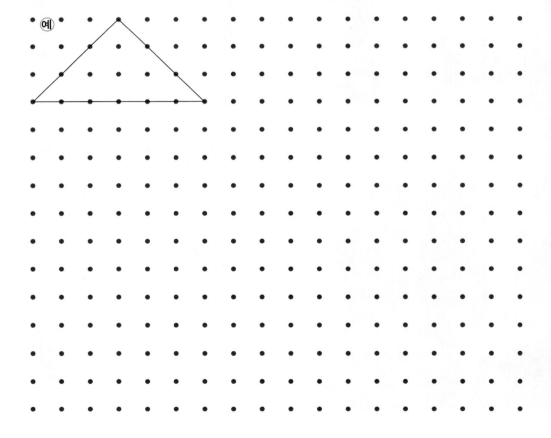

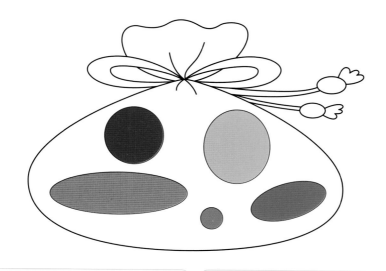

Q2

곧은 선이 만나는 점이 1개이다.	굽은 선이 있다.
곧은 선이 만나는 점이 2개이다.	곧은 선이 있다.

Q3 위의 도형 주머니에 들어갈 수 있는 새로운 도형을 그려 봅시다.

✿ 도형을 나누는 기준을 선택해 보고, 선택한 기준에 맞는 도형들을 그려 봅시다.

굽은 선이 있다.	곧은 선이 3개이다.
곧은 선이 4개이다.	곧은 선이 5개이다.

생각해 보기

도형을 나누는 기준이 될 수 있는 것과 될 수 없는 것을 알아봅시다.

Q1 기준이 될 수 있는 것

Q2 기준이 될 수 없는 것

곧은 선이 만나는 점이 3개이다.	곧은 선이 만나는 점이 4개이다.
곧은 선이 만나는 점이 5개이다.	곧은 선이 만나는 점이 6개이다.

⚙ 오늘 배운 내용에 색칠해 봅시다.

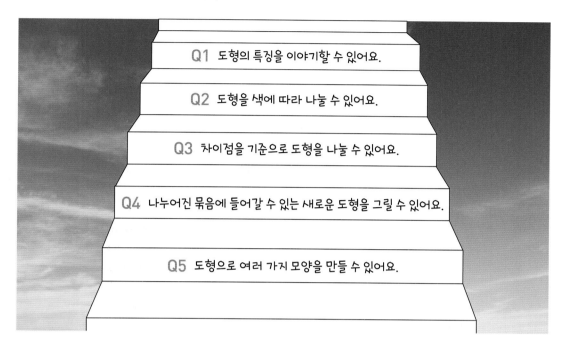

⚙ 다음 도형이 왜 같은 묶음에 들어갈 수 없는지 그 이유를 써 봅시다.

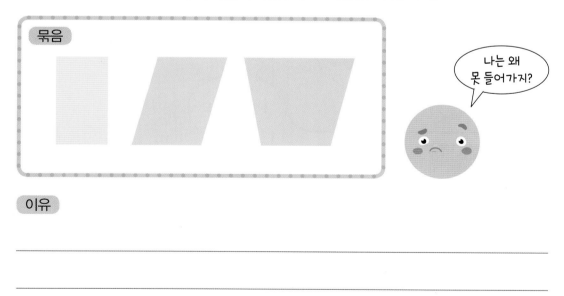

이유

_____

_____

10 내 주변에 도움을 주는 인공지능

사람에게 도움을 주는 인공지능 기기를 찾아보고 인공지능이 사회에 미치는 영향을 이해할 수 있다.

생각 열기

 시각 장애인을 위한 안경은 사람을 감지하면 그 사람이 있는 위치에서 들려오는 것 같은 소리 신호를 보내 대화 상대와 마주 보고 이야기할 수 있도록 도와줍니다.

▲ 시각 장애인을 위한 안경

▲ 문자를 자동으로 읽어 주는 안경

⚙ 우리 주변에서 인공지능이 사람에게 어떤 도움을 주고 있는지 생각해 봅시다.

인공지능은 여러 분야에서 사람에게 도움을 줄 수 있습니다. 이번 차시에서는 인공지능이 인간에게 도움이 되는 사례를 통해 사회에 미치는 긍정적인 영향을 알아봅니다.

| 관련 영상 QR 코드

인공지능 기술을
올바르게 사용하자!

1 도움이 필요해요

✿ 다음에 제시된 〈상황 1, 2〉을 읽고 〈보기〉에서 어떤 도움이 필요한지 찾아봅시다.

> **상황 1**
>
> ○○이의 할머니는 몸이 편찮으셔서 병원에 계세요. 예전과 달리 말씀하실 때 발음도 분명하지 않고, 사람과 대화하는 일이 힘들어졌지요. 할머니는 ○○이를 볼 때마다 반가운 마음에 말을 건네려고 노력하시지만 ○○이가 알아듣기 쉽지 않아요.

Q1 할머니는 어떤 어려움을 겪고 있나요?

Q2 다음 〈보기〉에서 할머니에게 도움을 줄 수 있는 것은 무엇인지 찾아 ✔표 해 봅시다.

> **보기**
>
> ①
>
> 말하거나 움직이는 데 어려움이 있는 사람이 다른 사람과 쉽게 이야기를 나눌 수 있도록 시선을 따라 원하는 문장을 선택하여 그 문장을 소리 내어 읽어 주는 앱
>
> ②
>
> 청각 장애가 있는 사람이 입 모양을 보고 다른 사람의 말을 이해하도록 한 마스크

Q3 이런 인공지능 앱이 있다면 할머니는 어떤 마음이 들까요?

> 인공지능 앱을 활용해 대화할 수 있어서 (**답답** / **편리**)합니다.

○○이의 부모님은 모두 일을 해요. 부모님이 모두 일을 하러 나가면 ○○이가 혼자 집에 있으면서 밥도 챙겨 먹고 공부도 스스로 해야 하죠. 집에 혼자 있다 보면 무섭기도 하고, 심심하기도 해요. 또, 공부할 때 잘 모르는 부분이 나와도 물어볼 사람이 없어서 답답해요.

Q4 ○○이는 어떤 어려움을 겪고 있나요?

Q5 〈보기〉에서 ○○이에게 도움을 줄 수 있는 것은 무엇인지 찾아 ✔표 해 봅시다.

보기

① 카메라를 사용해 가족의 얼굴을 구분하고, 스스로 먼저 대화를 걸거나 검색해서 질문에 대답해 주는 인공지능 로봇

② 간단한 음식을 직접 요리해 가져다주는 인공지능 로봇

홈 서비스 로봇은 부모가 원격 조종을 통해 집 안 상황을 살필 수 있고, 아이들에게 실시간 음성 메시지를 전달할 수 있는 기능이 있습니다.

Q6 이런 인공지능 앱이 있다면 ○○이 부모님은 어떤 마음이 들까요?

인공지능 로봇이 있어서 (안심 / 걱정)이 됩니다.

2 모두를 위한 인공지능을 찾아요

✿ 다음 인공지능 로봇은 누구를 위해 필요한 것일지 생각해 봅시다.

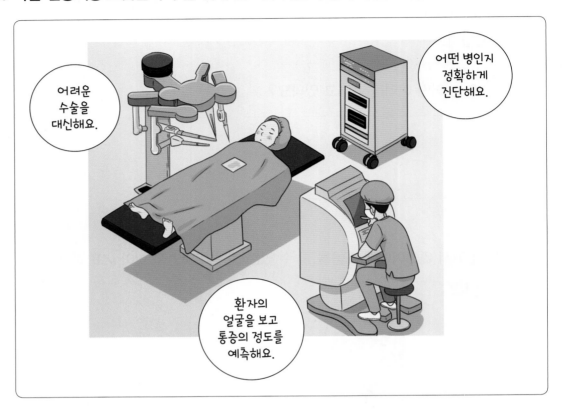

인공지능 의사 로봇은 각종 질병에 대한 많은 데이터를 바탕으로 환자의 병명을 비교적 정확하게 진단하고, 최선의 진료 방법을 추천할 수 있습니다.

Q1 어떤 일을 할 수 있는 인공지능 로봇인가요?

> 아픈 사람을 진단하고 처방하는 등의 일을 하는
> 인공지능 (의사 / 소방관) 로봇입니다.

Q2 이 인공지능 로봇은 누구를 위한 로봇인지 생각해 보고 ○표 해 봅시다.

| 노인 | 어린이 | 어른 | 모두 |

✿ 다음 인공지능 로봇은 누구를 위해 필요한 것일지 생각해 봅시다.

* 재난
뜻밖에 일어난 재앙과 고난

Q3 어떤 일을 할 수 있는 인공지능 로봇인가요?

> 재난 상황을 예측하고, 사람들에게 알려 피해를 줄이는
> 인공지능 (재난 안전 / 배달) 로봇입니다.

Q4 이 인공지능 로봇은 누구를 위한 로봇인지 생각해 보고 ○표 해 봅시다.

| 노인 | 어린이 | 성인 어른 | 모두 |

인공지능 재난 안전 로봇은 각종 재난에 대한 수많은 데이터를 바탕으로 어떤 재난이 언제 발생할지 예측해서 알려 줌으로써 재난으로 인한 피해를 줄이는 데 도움을 줍니다.

✿ 인공지능 의사 로봇이나 재난 안전 로봇이 모두를 위한 것이라고 판단한 이유를 생각해 봅시다. 알맞은 이유라고 생각되는 말풍선에 색칠해 봅시다.

모두를 위한 인공지능 사례로 안전하게 운전해 주는 자율 주행 자동차, 우리 가족의 편의를 위한 인공지능 가전 기기 등이 있습니다.

▲ 자율 주행 자동차

▲ 스마트폰으로 연결하여 제어 가능한 인공지능 가전 기기들

인공지능의 판단이 모두 옳지는 않기 때문에 사람의 안전이나 생명이 걸린 문제의 경우 최종 판단은 사람이 직접 해야 합니다.

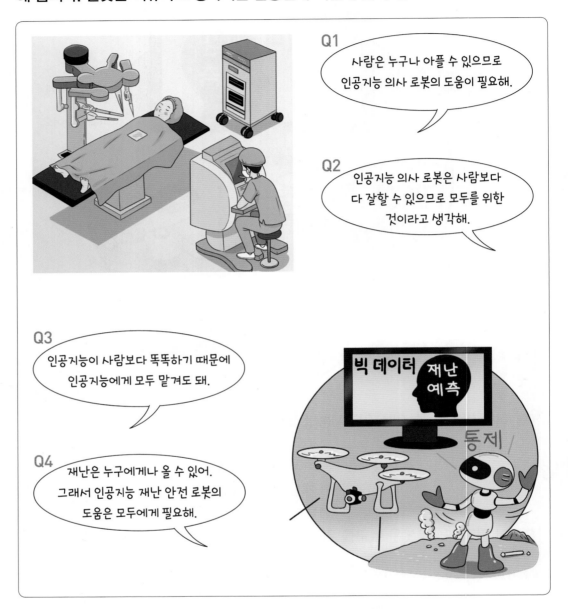

Q1 사람은 누구나 아플 수 있으므로 인공지능 의사 로봇의 도움이 필요해.

Q2 인공지능 의사 로봇은 사람보다 다 잘할 수 있으므로 모두를 위한 것이라고 생각해.

Q3 인공지능이 사람보다 똑똑하기 때문에 인공지능에게 모두 맡겨도 돼.

Q4 재난은 누구에게나 올 수 있어. 그래서 인공지능 재난 안전 로봇의 도움은 모두에게 필요해.

빅 데이터 재난 예측

통제

✿ 다음에 제시된 모두를 위한 인공지능에 대한 의미를 완성해 봅시다.

모든 사람이 인공지능의 [ㄷ][ㅇ]을 받을 수 있음을 의미합니다.

✿ 시각 장애인이나 청각 장애인 등을 위한 인공지능도 모두를 위한 인공지능이라고 볼
　수 있을까요?

시각 장애인을 위한
안경이나 청각 장애인을 위한
문자 서비스,
다리가 불편한 장애인을 위한
인공지능 다리 등은 모두를 위한
인공지능이라 볼 수 없어.
장애인만 사용하는 거잖아.

흠……. 내 생각은 좀 달라.
언제든지 사고가 나서 나도
장애를 가질 수 있어.
그렇게 생각하면 이런 인공지능의
기술도 모두를 위한 거야.

지민이 너 작년에 넘어져서
다리에 깁스했었지? 그 사고는
누구도 예상할 수 없었어.
만약 더 심하게 다쳤다면
너도 장애를 가졌을 수도 있고.
그런데도 이런 인공지능이 모두를
위한 것이 아닐까?

에이, 말도 안 돼.
사고가 모두 나는 것도 아니고,
특정 사람들을 위해 사용되는
인공지능은 모두를 위한 인공지능으로
볼 수 없다고 생각해.

Q1 다음 대화를 읽고 누구의 생각인지 선을 연결해 봅시다.

장애인들을 위한 인공지능 기술
도 모두를 위한 것으로 생각했습
니다. 왜냐하면 사고는 언제든 일
어날 수 있고, 그 누구라도 장애
를 가질 수 있기 때문입니다.

장애인들을 위한 인공지능 기술
은 모두를 위한 것이 아니라고 생
각했습니다. 왜냐하면 모두가 아
니라 장애가 있는 특정 사람들을
위한 것이기 때문입니다.

Q2 여러분의 생각은 어떤가요?

나는 (송이 / 지민이)의 생각과 같습니다. 왜냐하면 _____

_____

3 이런 인공지능이 있으면 좋겠어요

✿ 다음 상황에서 어떤 인공지능 기기나 로봇이 있으면 좋을지 생각해 봅시다.

Q1 어떤 상황인가요?

인공지능 학습 도우미는 온라인 수업을 할 때 나타나 학생들의 학업 집중도와 효율성을 높이는 데 도움을 줍니다.

▲ 학습을 도와주는 인공지능

Q2 어떤 상황인가요?

✿ 이 친구를 어떻게 도우면 좋을까요? 생각을 써 봅시다.

✿ 다음 나만의 인공지능 로봇에 이름을 정하고 색칠해 봅시다. 그리고 사람을 어떻게
돕고 있는지 말풍선에 써 봅시다.

Q1

이름:

Q2

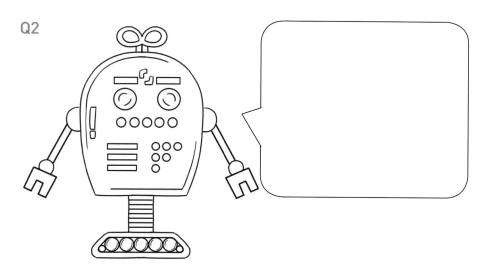

이름:

미래 사회에서 우리는 생활 속에서 사람을 돕는

| ㅇ | ㄱ | ㅈ | ㄴ |

로봇과 함께 현명하게 살아갈 것입니다.

생각 정리하기

✿ 다음 ○○이의 그림 일기를 완성해 봅시다.

| 년 | 월 | 일 | 요일 | 날씨 | ☀ | ☁ | ☔ | ⛄ |

제목: 나의 하루

　인공지능 반려봇은 나의 가장 친한 친구이자 선생님이다. 오늘은 학교에 등교하지 않고 원격 수업을 하는 날인데, 그럴 때마다 인공지능 반려봇이 내가 원격 수업에 집중할 수 있도록 같이 있어 준다. 특히 모르는 부분이 나올 때는 (Q1

) 인공지능 반려봇은 검색을 통해 내가 궁금해하는 부분에 대한 정보도 잘 찾아 준다. 또 공부가 다 끝나고 나면 인공지능 반려봇과 함께 (Q2   ) 인공지능 반려봇과 함께할 수 있어서 참 좋다.

🔍 정답과 예시 답안

* 제시된 예시 답안 외에도 답이 될 수 있습니다.

6~7쪽

(사례 1) • **어떤 점이 불편한가요?** 어두운 곳에서 사진을 찍으면 얼굴이 잘 보이지 않습니다.
• **어떻게 달라졌나요?** 특별한 기술 없이도 스마트폰으로 사진을 찍으면 얼굴이 선명하게 나와서 편리합니다.

(사례 2) • **어떤 점이 불편한가요?** 잠을 자기 위해 전등을 직접 끄러 가야 하는 점이 불편합니다.
• **어떻게 달라졌나요?** 인공지능 스피커가 전등과 연결되어 음성만으로 전등을 끌 수 있고, 알람도 맞출 수 있어서 편리합니다.

(사례 3)
Q1 로봇 청소기를 사용하고 싶습니다. 사람이 직접 청소하지 않아도 알아서 청소해 주는 것이 편리해서 입니다.
Q2 사용하고 싶습니다. 인공지능이 적용된 기기를 이용하면 생활이 편리해지기 때문입니다.

8~10쪽

(상황 1) 에어컨 스티커, (상황 2) 텔레비전 스티커, (상황 3) 공기 청정기 스티커, (상황 4) 얼굴 인식 체온 측정기 스티커, (상황 5) 스마트폰 스티커, (상황 6) 자동차 스티커, (상황 7) 모니터 화면 스티커, (상황 8) 인공지능 CCTV 스티커, (상황 9) 태블릿 스티커

11쪽

Q1 얼굴 인식 체온 측정기   **Q2** 로봇 청소기
Q3 인공지능 스마트폰 카메라

12쪽

Q1 인공지능 서빙 로봇   **Q2** 인공지능 바리스타 로봇
Q3 인공지능 반려동물 로봇   **Q4** 인공지능 방역 로봇

13쪽

말풍선 색칠하는 곳: Q1, Q2, Q5
• 인공지능의 발달로 우리 생활이 (편리)해졌어요.
• 인공지능은 우리 주변 (가까이)에 있어요.

15쪽

16쪽

• 위와 같이 인공지능은 (사람)처럼 보고 들을 수 있습니다.

17쪽

Q1 고기
Q2 강아지는 사람의 말을 이해하지 못하기 때문에 강아지가 좋아하는 고기를 고를 것 같습니다.
Q3 책
Q4 어머니의 말씀을 이해하고, 책을 골라 가져다드릴 것 같습니다.

18쪽

• 인공지능 기술은 사람의 (말)과 (글)을 이해할 수 있습니다.

19쪽

Q1 5칸(가장 빠른 방법)   **Q2** 아니요 또는 예

21쪽

원하는 부엉이와 올빼미 스티커 붙이기
Q1

부엉이	올빼미

Q2 올빼미입니다. 올빼미는 머리가 둥글고 부엉이는 뾰족하기 때문입니다.

22쪽

• 인공지능도 사람처럼 (학습)하면 더 똑똑해집니다.

23쪽

• 색칠한 곳: Q1, Q2, Q4, Q5
• 인공지능은 (사람)처럼 생각하고 행동할 수 있어요.

26쪽

Q1 지윤   **Q2** 9살   **Q3** 미국   **Q4** 피자
Q5 음악 듣기   **Q6** 친구가 되고 싶음.   **Q7** 네 등

28쪽

Q1 대한민국에서 가장 높은 산은 (한라산)이고 높이는 해발 (1947)m입니다.
Q2 우리 지역의 최저, 최고 기온을 적어 주세요.

Q3 우리 학교의 전화번호를 적어 주세요.

Q4 4290

31쪽

Q1 궁금한 것이 있을 때 물어보면 바로 대답해 주는 것이 좋았어요. 그림을 그리면 퀵 드로우가 알아맞히는 것이 신기했어요. 다른 나라 말을 사진으로 찍으면 우리나라 말로 바꿔 주는 것이 편리했어요. 등

Q2 인공지능 스피커가 내 말을 잘 알아 듣지 못할 때가 있어서 불편했어요. 모든 나라의 말을 다 바꿔 주는 것이 아니라서 아쉬웠어요. 선풍기를 부채라고 알려 주는 경우가 있었어요. 등

인공지능 기기에 추가하거나 고치고 싶은 기능 적어 보기

인공지능 스피커	인공지능 번역기
– 바퀴를 부착해서 내가 부르면 나에게 왔으면 좋겠어요. – 내 말을 더 잘 알아듣도록 고치고 싶어요.	– 모든 나라의 말을 다 번역해 주면 좋겠어요. – 더 자연스럽게 번역이 되면 좋겠어요.

32쪽

생각해 보기: 숫자가 없으면, 과자가 얼마인지 모를 것 같아요. 글자가 없다면, 친구에게 문자 연락도 못 할 것 같아요. 등

33쪽

• 숫자: 시간, 교시, 칼로리, 키
• 글자: 요일, 과목명, 급식 메뉴, 배울 내용

34쪽

• (숫자)는 수를 나타내는 기호예요.
• (글자)는 말을 적는 기호예요.

35쪽

Q1 재료를 얼마만큼 넣어야 하는지 정확한 숫자로 계량값이 나와 있지 않아, 요리를 제대로 하지 못 했어요.

Q2 재료 넣을 양을 숫자로 알려 주면, 요리를 쉽게 완성할 수 있어요.

• 숫자가 없으면 (불편한) 점이 많아요!

36쪽

Q1 많은 수를 표현하기 어려웠습니다. 수를 표현한 막대나 표시가 없어지거나 지워지기도 해 정확한 수를 기억하기 어려웠습니다. 등

Q2 많은 수를 간단히 표시하기 위해, 수를 표현하고 기억하기 위해 등

• 수를 기호로 표현해 쉽게 (기억)할 수 있어요.
• 많은 수를 간단히 (표현)할 수 있어요.

37쪽

Q1 엄마는 생선 사러 갔으며, 열쇠는 옆집에 맡겨 놨다.

Q2 전하고 싶은 말의 뜻을 정확히 알 수가 없어요.

38쪽

Q1 글자

• 글자가 없으면, 지식을 (표현)하고 (저장)하기 어려워 지금처럼 발전된 세상에 살고 있지 못할 거예요.

39쪽

Q1 , **Q2** 숫자입니다.

Q3 숫자로 수를 정확하고 빠르게 이해할 수 있음을 알았습니다.

40쪽 (위)

• **그림으로 알 수 있는 이름**: 신진선

Q1 그림이 나타내는 이름을 정확히 (알기 어려워요).

Q2 정확한 이름을 알기 어려웠어요. 어떤 의도로 그림을 그렸는지 파악하기 어려웠어요. 등

40쪽 (아래)

Q1 이름을 빠르게 표현할 수 있는 방법은 (글자)입니다.

Q2 이름을 정확하게 표현할 수 있는 방법은 (글자)입니다.

41쪽

색칠한 그림 글자: AI

• 숫자와 글자로 지식과 정보를 (저장)해요.
• 인공지능은 (데이터)로 공부해요.

43쪽

Q1 그림을 확대했더니, 그림 끝이 울퉁불퉁해졌어요.

Q2 게임을 하던 중 이미지를 확대했는데, 끝이 울퉁불퉁해졌던 경험이 있어요.

• 인공지능은 (숫자)를 이용해 그림을 표현해요.

44~45쪽

Q1 물고기　　　　　　　**Q2** 토끼, 컵 등

46쪽

Q1 하트

47쪽

• (네모) 칸 안에 (숫자) (0, 1)를 적어 그림을 표현할 수 있어요.

48쪽

여러 숫자를 이용해 그림을 표현하면 될 것 같습니다.

49쪽

Q1 꽃게일 것 같습니다. 또는 잘 모르겠습니다.

Q2 지정된 색으로 각 칸들을 칠해 보세요.

• 꽃게

50쪽

• **숫자와 색깔 예시:** 0=빨간색, 1=흰색, 2=노란색
• 네모 칸 안에 있는 숫자의 (규칙)을 정해 다양한 색의 그림을 표현할 수 있어요.

51쪽

• 인공지능은 (네모) 칸으로 그림을 나누고, 네모 칸은 (숫자)를 통해 그림을 이해합니다.

52쪽

인공지능이 그림을 이해할 수 있도록 숫자를 이용해 표현한 것도 (데이터)입니다.

53쪽 (위)

네모 칸: 픽셀, **네모 칸 안의 숫자:** 픽셀값, **그림을 인공지능이 이해할 수 있도록 숫자로 표현한 것:** 데이터

53쪽 (아래)

• 인공지능은 (숫자)를 이용해 그림을 인식해요.
• 다양한 색의 그림을 표현하려면 색과 숫자 간의 (규칙)이 필요해요.

54쪽

• 인공지능이 이해할 수 있는 데이터는 (많아요).

55쪽 (위)

사진을 찍을 때 사용합니다. 학습 영상을 볼 때 사용합니다. 등

55쪽 (아래)

스마트폰으로 음악을 들었어요(소리 데이터). 등

58쪽

Q1 동영상 데이터 **Q2** 이미지 데이터
Q3 소리 데이터

58쪽 (아래) 예

• 문자 데이터: 친구에게 문자를 보내요. 등

• 숫자 데이터: 스마트폰으로 과자의 값을 계산해요. 등
• 이미지 데이터: 웹툰을 봐요. 등
• 소리 데이터: 스마트폰으로 EBS 라디오를 들어요. 등
• 동영상 데이터: 지식 e 채널을 즐겨 봐요. 등

60쪽

이름: 문자 데이터, **좋아하는 음악:** 소리 데이터, **잘하는 운동:** 동영상 데이터, **생일과 키:** 숫자 데이터, **나의 모습:** 이미지 데이터, **이 외에 취미:** 글자 데이터, **좋아하는 영화:** 동영상 데이터 등

62쪽

나는 (대한민국)입니다.

63쪽

• **사다리 타기 문제 답(위의 그림 순서대로):** 동영상 데이터, 소리 데이터, 문자 데이터, 이미지 데이터, 숫자 데이터
• 인공지능이 이해할 수 있도록 표현한 것을 (데이터)라고 합니다.
• 데이터의 종류에는 (문자) 데이터, (숫자) 데이터, (이미지) 데이터, (소리) 데이터, (동영상) 데이터가 있습니다.

66쪽

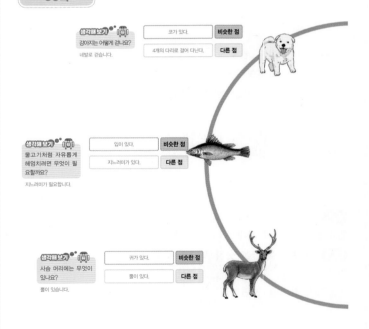

- 인공지능에게 사람과 동물의 (비슷한) 점과 (다른) 점을 모두 알려 주어야 합니다.

68~69쪽

Q1 사람의 눈은 (2)개 입니다.
Q2 사람의 코는 (세모/화살표) 모양입니다.
Q3 사람의 입에는 (입술)과 이가 있습니다.
Q4 사람의 손에는 (손가락)이 있습니다.
Q5 사람은 (2)개의 다리로 걸어 다닙니다.
Q6 사람의 몸에는 무늬가 (없습니다).

70쪽

- 사람이 가진 특징: 손가락이 있다. / 눈이 2개이다. / 코가 1개이다. / 손이 2개이다. 등
- 인공지능에게 사람의 (특징) 알려 주면, 사람을 구분할 수 있다. 등

71쪽

Q1 눈, 코, 입이 있다. / 팔다리가 2개이다. / 손가락이 있다. 등
Q2 피부색이 다르다. / 성별이 다르다. / 나이가 다르다. 등

72쪽

호랑이

73쪽

코끼리(코가 길다), 거북이(딱딱한 등껍질이 있다), 토끼(귀가 길다), 고슴도치(뾰족한 가시가 있다), 뱀(발이 없고, 기어 다닌다), 사슴(머리에 뿔이 있다)

- 인공지능이 어떤 동물인지를 구분하려면, 여러 동물을 비교해서 서로 (다른 점)을 알려 주어야 합니다.

74쪽

Q1 소처럼 노란색이기 때문입니다. 소처럼 뿔이 작기 때문입니다. 등
Q2 소는 목이 짧지만, 사슴은 목이 깁니다. 소의 뿔이 사슴보다 두껍습니다. 등

75쪽

- 바구니 속 색칠하는 곳: Q2, Q3, Q4

사람	내가 좋아하는 동물
	(예시) 닭
비슷한 점	**다른 점**
– 다리가 2개이다. – 눈이 2개이다.	– 사람은 손이 있지만, 닭은 날개가 있다. – 닭은 뾰족한 부리가 있다.

77쪽

- 인공지능에게 정답을 알려 주지 않아도, 데이터들의 (특징)을 알아낼 수 있어요.

78쪽

[**빨강 팀**] 코뿔소, 산양, [**노랑 팀**] 사자, 얼룩말, [**파랑 팀**] 악어, 상어, [**보라 팀**] 홍학, 펭귄

79쪽

- 올바른 '기준'은 동물들을 그 기준에 따라 나누었을 때 사람들이 결과가 (같아야) 합니다.

80쪽

Q1 [다리 개수 2개] 닭, 오리, 펭귄, 독수리, 원숭이, [다리 개수 4개] 개, 고양이, 기린, 사슴, 소, 호랑이, 악어
Q2 [물갈퀴] 오리, 악어, 펭귄, 물개, [발굽] 기린, 소, 사슴
Q3 [날개가 있는 것] 닭, 오리, 펭귄, 독수리, 모기, 벌, [날개가 없는 것] 호랑이, 기린, 사슴, 원숭이, 물개, 상어, 악어, [뿔이 있는 것] 사슴, 기린, 소, [뿔이 없는 것] 호랑이, 원숭이

81~83쪽

Q1 털이 있는 것과 없는 것으로 분류합니다.
Q2 무늬가 있는 것과 없는 것으로 분류합니다.
Q3 날개가 있는 것과 없는 것으로 분류합니다.

Q4 다리 개수가 0개, 2개, 4개, 6개, 8개, 10개로 각각 분류합니다.

83쪽

84쪽

Q1 라쿤: 왼쪽에 포함, 이유는 지느러미가 없다. 다리가 있다. 등
Q2 코뿔소: 왼쪽에 포함, 이유는 뿔이 있다. 등
• 인공지능은 (전에) 학습한 데이터를 바탕으로 새로운 데이터를 파악합니다.

85쪽

• 꽃에 색칠하는 곳: Q1, Q2, Q4
• 인공지능은 동물들의 특징을 (기준)으로 정해 (구분)합니다.
• 동물을 나누는 (기준)은 다리 수, 사는 곳, 무늬 등 다양한 것들이 있습니다.

87쪽

• 인공지능은 데이터를 스스로 학습하여 새로운 데이터를 (구분)하거나 (예측)할 수 있어요.

88쪽

모양	개수	모양	개수
☐	4	⬠	5
△	7	⬡	4
○	5	☆	6

89쪽

Q1 ○ **Q2** △ **Q3** ☐ **Q4** ⬠ **Q5** ⬡

90~91쪽

Q1 △ **Q2** ⬠ **Q3** ○ **Q4** ☐
• 도형의 특징은 (선)과 (점)의 개수로 이야기할 수 있어요.

92~93쪽

문항	답(개수)	답
Q1	4개	
Q2	3개	
Q3	4개	
Q4	2개	
Q5	12개	
Q6	3개	
Q7	2개	
Q8	4개	
Q9	3개	

Q10 | 1개 | ◣

94~95쪽

Q1 주머니 안에 있는 그림을 모두 그리면 됩니다.

Q2 색칠하는 곳: 굽은 선이 있다.

Q3 주머니 안에 있는 그림을 모두 그리면 됩니다.

96쪽

• 위의 **92~93쪽** 해설을 참고하여 도형을 그려 보세요.

Q1 굽은 선, 선의 개수, 곧은 선이 만나는 점의 개수

Q2 예쁜 것, 색깔, 크기

97쪽

색칠하는 곳: Q1, Q3, Q4

이유: 점과 선으로 이루어지지 않았어요.

100~101쪽

Q1 사람들과 대화하는 데 어려움을 겪고 있어요. 등

Q2 ①

Q3 인공지능 앱을 활용해 대화할 수 있어 (편리) 합니다.

Q4 혼자 밥도 챙겨 먹고 스스로 공부도 해야 해요. 모르는 부분이 있으면 물어볼 사람이 없어서 답답해요. 등

Q5 ①, ②

Q6 인공지능 로봇이 있어서 (안심)이 됩니다.

102~103쪽

Q1 아픈 사람을 진단하고 처방하는 등의 일을 하는 인공지능 (의사) 로봇입니다.

Q2 모두

Q3 재난 상황을 예측하고, 사람들에게 알려 피해를 줄이는 인공지능 (재난 안전) 로봇입니다.

Q4 모두

104쪽

색칠하는 곳: Q1, Q4

• 모든 사람이 인공지능의 (도움)을 받을 수 있음을 의미합니다.

105쪽

Q1

장애인들을 위한 인공지능 기술도 모두를 위한 것으로 생각했습니다. 왜냐하면 사고는 언제든 일어날 수 있고, 그 누구라도 장애를 가질 수 있기 때문입니다.

장애인들을 위한 인공지능 기술은 모두를 위한 것이 아니라고 생각했습니다. 왜냐하면 모두가 아니라 장애가 있는 특정 사람들을 위한 것이기 때문입니다.

Q2 지민이의 생각과 같은 경우: 왜냐하면 누구나 장애를 가질 수도 있지만, 그렇지 않은 경우가 더 많기 때문에 모두를 위한 것이라고 보기는 어렵다고 생각합니다. 등

송이의 생각과 같은 경우: 왜냐하면 누구나 장애인이 될 수 있기 때문에 모두를 위한 것이라고 생각합니다. 등

106쪽 (위)

Q1 어린아이가 길을 잃고 울고 있어요.

Q2 원격 수업을 하는데 도와줄 어른이 없어 혼자 어려워하고 있어요.

106쪽 (아래)

Q1 인공지능 경찰 로봇이 나타나 어린아이를 파출소로 데려가요. 등

Q2 인공지능 드론이 길을 잃은 어린아이를 감지해 파출소에 알려요. 등

Q3 인공지능 반려 로봇이 공부도 도와주고 함께 놀아 줘요. 등

Q4 인공지능 카메라가 부모님과 연결해 실시간으로 도움을 줘요. 등

107쪽

Q1 **이름:** 인공지능 가사 도우미 로봇

아픈 엄마를 도와 집안일을 하는 인공지능 로봇입니다. 빨래, 설거지, 청소 등 집안일은 다 할 수 있어요. 등

Q2 **이름:** 인공지능 아기 돌봄 로봇

아기에게 책 읽어 주기, 다양한 표정 보여 주기, 노래 불러 주기, 우유 주기 등 아기를 돌보는 일은 저에게 맡겨요. 등

• 미래 사회에서 우리는 생활속에서 사람을 돕는 (인공지능) 로봇과 함께 현명하게 살아갈 것입니다.

108쪽

Q1 영상을 멈추고 인공지능 반려봇에게 물어볼 수 있어서 정말 좋다. 등

Q2 공놀이도 하고, 숨바꼭질도 한다. 등

[부록 1] **동물 카드** <79~80쪽에서 활용>

[부록 2] **기준 카드**
<79~80쪽에서 활용>

 가위로 오려서 사용하세요.

악어	기린
고양이	오리
개	펭귄
호랑이	상어

[부록 1] **동물 카드** <79~80쪽에서 활용>

[부록 2] **기준 카드**
<79~80쪽에서 활용>

 가위로 오려서 사용하세요.

뿔
날개
털의 색
입의 모양

닭	사슴
독수리	소
벌	원숭이
모기	물개

[부록 3] **도형 카드 <92~93쪽에서 활용>**

 가위로 오려서 사용하세요.

[부록 1] **동물 카드** <79~80쪽에서 활용>

[부록 2] **기준 카드**
<79~80쪽에서 활용>

 가위로 오려서 사용하세요.

※ 부록이 부족한 경우 활용하세요.

악어	기린
고양이	오리
개	펭귄
호랑이	상어

[부록 1] **동물 카드** <79~80쪽에서 활용>

[부록 2] **기준 카드**
<79~80쪽에서 활용>

 가위로 오려서 사용하세요.

※ 부록이 부족한 경우 활용하세요.

뿔

날개

털의 색

입의
모양

닭	사슴
독수리	소
벌	원숭이
모기	물개

[부록 3] **도형 카드 <92~93쪽에서 활용>**

✂ 가위로 오려서 사용하세요.   ※ 부록이 부족한 경우 활용하세요.

[부록 4] **1차시 <8~10쪽에서 활용>**

[부록 5] **2차시 <21쪽에서 활용>**

부엉이

올빼미

[부록 6] **7차시 <66~67쪽에서 활용>**

손과 발이 각각 2개씩 있다.	뿔이 있다.
입이 있다.	사람보다 몸에 털이 많다.
다리가 2개이다.	더듬이가 있다.
눈이 있다.	4개의 다리로 걸어 다닌다.
코가 있다.	지느러미가 있다.
귀가 있다.	날개가 있다.